个人理财(初级)
教材精编与习题解析

个人理财初级“三色笔记”编写组 编
伍敏 史艳霞 主编

中国石化出版社
HTTP://WWW.SINOPEC-PRESS.COM
教·育·出·版·中·心

图书在版编目(CIP)数据

个人理财(初级)教材精编与习题解析 / 伍敏，史艳霞主编. — 北京 ：中国石化出版社，2016.11
ISBN 978-7-5114-4362-5

Ⅰ. ①个… Ⅱ. ①伍… ②史… Ⅲ. ①私人投资—银行业务—中国—资格考试—题解 Ⅳ. ①F830.59-44

中国版本图书馆 CIP 数据核字(2016)第 297304 号

中国石化出版社出版发行
地址：北京市朝阳区吉市口路 9 号
邮编：100020 电话：(010)59964500
发行部电话：(010)59964526
http://www.sinopec-press.com
E-mail:press@sinopec.com
保定市益镖印刷有限公司
全国各地新华书店经销
*
889×1194 毫米 16 开本 10.5 印张 262 千字
2017 年 1 月第 1 版　2017 年 1 月第 1 次印刷
定价：48.00 元

前言

随着科技的发展，人们的学习方法、学习方式已随之改变，死读书、苦用功的年代已经过去，高效率学习的时代已经到来，碎片化学习的方式已经成为学习的主流方式。如何让时间不够用的考生顺利通过考试并考到高分，是新时代出版物的追求。由即牛网校一线讲师和编辑组编的三色笔记系列丛书《个人理财(初级)教材精编与习题解析》应运而生。“三色笔记”被誉为帮助考生“三色梳理”的助手，“三色笔记”既是名师讲义的延伸，也是知识模块的拓展。它能快速帮助考生根据颜色区分出重点、难点、次重点、次难点，是掌握和通过考试要领的“法宝”。

经过大量考生的使用证明，三色笔记已成为考生考前突破的典范辅导资料，在为考生提供简单学习、快乐学习、有序学习的同时，我们的售后 QQ 群(489772688)也为考生提供在线答疑服务，让考生有问必答，有疑必解。

本教材凝结了大纲要求的全部知识点，去除了繁杂的解说，保留了精髓。通过“三色笔记”的划分，使考生的日常复习重点突出。

本教材主要内容包括：个人理财概述、个人理财业务相关法律法规、理财投资市场概述、理财产品概述、客户分类与需求分析、理财规划计算工具与方法、理财师的工作流程和方法。

本教材使用方法介绍：

1.三色笔记。红色表示是重点记忆内容，浅红色波浪线表示次重点记忆内容或较难理解内容，黑色表示暂时需要记忆的内容或简单理解内容。日常复习主要关注三色内容，考前快速浏览红色和浅红色内容。

2.知识点把握。日常复习注意明确知识点，特别注意“经典题例”知识点的提示。

3.复习流程。①自主快速浏览全书一遍；②在培训师指导讲解下，记忆红色、浅红色波浪线重要知识点；③培训师讲解“经典例题”，学员在书中寻找做错试题对应的知识点，寻找做错原因；④考前三天开始自由温习，考前 1 ~ 2 小时快速浏览红色和浅红色波浪线内容。

由于编者水平有限，如有错误之处敬请谅解！

编者

2016 年 11 月

目录

第五章 客户分类与需求分析

第六章 理财规划计算工具与方法

第七章 理财师的工作流程和方法

第一章 个人理财概述

【考点图示】

- 熟悉个人理财业务的相关主体
  - 1.个人客户
  - 2.商业银行
  - 3.非银行金融机构
  - 4.监管机构
- 了解银行个人理财业务的分类
  - 1.按是否接受委托对客户资金进行投资和管理分类:理财顾问业务;综合理财服务
  - 2.按客户类型(资产规模)分类:理财业务、财管管理业务、私人银行业务
- 了解国外和国内个人理财业务的发展与状况
  - 1.国外:美国,萌芽时期、形成与发展时间、成熟时期
  - 2.国内:萌芽阶段、形成时间、迅速扩展时期
- 了解理财师的队伍状况和职业特征
  - 队伍状况:扩张迅速、水平参差不齐、认可度不高
- 掌握理财师的执业资格要求
  - 1.教育
  - 2.考试
  - 3.工作经验
  - 4.职业道德
- 掌握合格理财师的标准及理财师的社会责任
  - 标准:品德、服务、专业能力

【知识点】一、个人理财相关定义

(一)个人理财定义:三种不同的定义及内容

国际理财规划师协会定义(了解);

美国注册理财规划师协会定义(了解);

美国注册理财规划师标准委员会定义(了解);

综上所述,不同的个人理财定义并无本质区别,只是侧重点和阐述角度有所不同。个人理财就是在了解、分析客户情况的基础上,根据其人生、财务目标和风险偏好,通过综合有效地管理其资产、债务、收入和支出,实现理财目标的过程。

从广义上看,理财包括个人理财和公司理财;本教材中或一般情况下所说的理财多指个人理财。

(二)财富管理与个人理财

1.投资与财富管理

财富管理与投资管理比较而言,财富管理包含的范围要广,即财富管理包含了投资管理。

2.个人理财与财富管理

个人理财与财富管理两个概念很难区分,本质上是一致的。

3.个人理财业务与财富管理业务

(银行)个人理财业务范围包含了财富管理业务甚至私人银行业务。

经典例题

1.【多选】个人理财是指客户根据自身( ),制定理财目标和理财规划,执行理财规划,实现理财目标的过程

A.身份地位　　B.财务状况　　C.理财能力

D.身涯规划　　E.风险属性

【答案】BDE

【知识点】二、个人理财业务相关主体

(一)个人客户

个人客户是个人理财业务的需求方,也是金融机构如商业银行个人理财业务的服务对象。

(二)商业银行

商业银行是个人理财业务的供给方,是个人理财服务的提供商之一。

(三)非银行金融机构

非银行金融机构包括证券公司、基金公司、信托公司、保险公司等。

(四)监管机构

个人理财业务相关的监管机构包括中国银行业监督管理委员会、中国证券监督管理委员会、中国保险监督管理委员会、国家外汇管理局等。

经典例题

2.【多选】以下关于个人理财主体阐述正确的是(　　)。

A.个人客户主要以个人理财的需求方出现

B.个人理财业务的提供商是商业银行

C.个人理财业务相关的监管机构包括中国银行业监督管理委员会、中国证券监督管理委员会、中国保险监督管理委员会、国家外汇管理局

D.证券公司、基金公司、信托公司、保险公司以及一些独立的投资理财公司(如第三方理财公司等)等其他金融机构也为个人客户提供理财服务

E.非银行金融机构只能通过自身渠道向客户提供个人理财服务。

【答案】ACD

【知识点】三、个人理财业务分类

(一)理财顾问服务和综合理财服务

按是否接受客户委托和授权对客户资金进行投资和管理理财业务可分为理财顾问服务和综合理财服务。

理财顾问服务是指商业银行向客户提供财务分析与规划、投资建议、个人投资产品推介等专业化服务。客户接受商业银行和理财人员提供的理财顾问服务后,自行管理和运用资金,并获取和承担由此产生的收益和风险。综合理财服务是指商业银行在向客户提供理财顾问服务的基础上,接受客户的委托和授权,按照与客户事先约定的投资计划和方式进行投资和资产管理。

综合理财服务与理财顾问服务的一个重要区别是:收益与风险由客户或客户与银行按照约定方式获取或承担,更加突出个性化服务。

综合理财服务可进一步划分为理财计划和私人银行业务两类:理财计划——特定目标客户群体;私人银行——高净值客户(个性化服务)

(二)理财业务、财富管理业务和私人银行业务

银行往往根据客户类型,理财业务可划分为理财业务(基础)、财富管理业务(中高端)和私人银行业务(高端)三个层次,银行为不同客户提供不同层次的理财服务。

从客户等级看,理财业务客户范围相对较广,但服务种类相对较狭窄;私人银行客户等级最高,服务种类最为齐全;财富管理客户则居于二者之间。

一般而言,理财业务是面向所有客户提供的基础服务,财富管理业务面向中高端客户提供的服务和,私人银行业务则是仅面向高端客户提供的服务。

理财业务、财富管理业务与私人银行业务之间并没有明确的行业统一分界。

经典例题

3.【单选】关于私人银行业务的说法错误的是(　　)。

A.私人银行业务的客户等级最高,服务种类最齐全

B.私人银行业务的服务对象主要是高净值客户

C.私人银行业务面向所有客户提供基础性服务

D.与理财计划相比,私人银行业务的个性化服务的特色相对强一些

【答案】C

答案解析:一般而言,理财业务是面向所有客户提供的基础性服务,而财富管理业务是面向中高端客户提供的服务,而私人银行业务则是仅面向高端客户提供的服务。故C项说法错误。

4.【多选】理财顾问服务是商业银行向客户提供( )等专业化服务。

A.财务分析与规划

B.理财计划

C.投资建议

D.私人银行

E.个人投资产品推介

【答案】ACE

答案解析:理财顾问服务是指商业银行向客户提供财务分析与规划、投资建议、个人投资产品推介等专业化服务。

5.【单选】商业银行在向客户提供理财顾问服务的基础上,接受客户的委托和授权,按照与客户事先约定的投资计划和方式进行投资与资产管理的业务活动是( )。

A.投资顾问服务

B.财务顾问服务

C.综合理财服务

D.理财顾问服务

【答案】C

6.【单选】普通理财业务相比,私人银行业务更加强调( )

A.建议性

B.个性化

C.风险性

D.收益性

【答案】B

7.【判断】综合理财服务可以划分为理财顾问和理财计划两类。

【答案】错误

8.【多选】按照客户的类型,个人理财业务不包括( )。

A.财富管理业务

B.理财顾问业务

C.理财业务旅游计划

D.私人银行

【答案】ACD

答案解析:考核个人理财业务的分类,银行根据客户类型,理财业务可分为ACD;按是否接受客户委托和授权对客户资金进行投资和管理理财业务可分为理财顾问服务和综合理财服务。

【知识点】四、个人理财业务的发展

(一)国外个人理财业务的发展

个人理财业务最早在美国兴起,并且首先在美国发展成熟,其发展大致经历了以下几个阶段:

1.个人理财业务萌芽时期

20世纪30年代到60年代通常被认为是个人理财业务的萌芽时期

2.个人理财业务形成与发展时期

20世纪60年代到80年代是个人理财业务形成与发展时期

3.个人理财业务成熟时期

20世纪90年代中后期,经济回暖,个人理财业务日趋成熟。

理财业务模式已从销售金融产品获取佣金为主,转变成帮助客户实现其生活、财务目标,为他们做专业的咨询服务并获得咨询佣金。

(二)国内银行个人理财业务发展和状况

与发达国家的个人理财业务发展历史相比,我国商业银行个人理财业务起步较晚,发展历程短。

20世纪80年代末到90年代是我国商业银行个人理财业务的萌芽阶段;

21世纪初到2005年是我国商业银行个人理财业务形成时期。

银监会于2005年9月发布了《商业银行个人理财业务管理暂行办法》,界定了商业银行个人理财业务范畴、规范了商业银行个人理财业务管理。并同时下发了《商业银行个人理财业务风险管理指引》。

总体上,目前个人理财业务已成为商业银行个人金融业务的重要组成部分,是银行中间业务收入的重要来源。虽然在我国商业银行个人理财业务还是一项新兴的银行业务,尚处于起步发展阶段,个人理财业务的市场环境还在不断规范和完善中,但由于其巨大的市场潜力,已被很多商业银行列为零售业务(或个人业务)发展的战略重点之一。

2011年8月28日,银监会正式发布《商业银行理财产品销售管理办法》(银监会令【2011】5号),首次对银行理财产品的销售建立了行业监管规范。

经典例题

16.【单选】个人理财业务最早在(　　)兴起。

A.美国　　B.英国

C.法国　　D.荷兰

【答案】A

【知识点】五、国内个人理财业务迅速发展的原因

(一)居民财富积累

伴随着经济的快速发展和人们收入水平的迅速增长,个人理财业务在我国有着越来越广阔的发展空间。自改革开放以来,我国经济在过去30年中取得了举世瞩目的巨大增长,我国城乡居民收入也随之不断增加,积累了大量财富,这为个人理财行业的发展奠定了扎实的财务基础。

(二)居民理财需求上升

居民不断提升的理财意识和不断增加的理财需求是促进我国个人理财业务发展的重要动力(直接推动力)。

财务缺口带来的财务需求,这是个人理财业务发展的动力之一。但是人们对理财的需求不仅仅体现在对财务缺口的弥补,还包括家庭风险管理、税收安排等一系列金融服务的综合规划。

(三)居民理财技能欠缺

虽然居民财富增加,但国内居民的理财知识和技能并没有与经济发展、财富积累的增速匹配。

(四)投资理财工具日趋丰富

我国金融市场正在不断发展和完善,金融投资工具日渐丰富,为满足日益增长的个人理财需求提供了日趋丰富的投资工具和交易方式,也为个人业务创新提供了现实基础和广阔空间。

(五)金融机构转型的客观需要

随着利率市场化和金融脱媒的不断推进,商业银行的存贷款利差不断缩小,传统的依赖存贷款利差的盈利模式面临越来越严峻的挑战,商业银行业务转型迫在眉睫。因此,商业银行急需通过对资本消耗较小的中间业务来提高其核心竞争力。

经典例题

9.【多选】国内个人理财业务迅速发展的原因(　　)。

A.居民财富积累

B.居民理财需求上升

C.居民理财技能欠缺

D.投资理财工具日趋丰富

E.金融机构转型的客观需要

【答案】ABCDE

【知识点】六、理财师队伍状况

(一)理财师与理财从业人员

理财师又名理财规划师或财富管理师,一般是指经过专业资格认证,即持有相关从业资格牌照、代表金融机构为客户提供理财规划专业服务的专业人士。

商业银行个人理财业务人员是指那些能够为客户提供理财规划服务的业务人员,以及其他与个人理财业务销售和管理活动紧密相关的专业人员,而非一般性业务咨询人员。

这些专业化服务活动表现为两种性质:一种是商业银行充当理财顾问,向客户提供咨询,属于顾问性质,这类业务人员按照监管部门或银行要求需要持有理财师专业证书;另一种是商业银行将按照与客户事先约定的投资计划和方式进行投资和资产管理的业务活动,属于受托性质。

可见,个人理财业务是建立在委托-代理关系基础之上的银行业务,是一种个性化、综合化的服务活动。

(二)理财师队伍发展状况

近年国内理财师队伍状况发展彰显如下几大特征。

1.理财师队伍扩张迅速

理财师职业在国外经过几十年的发展,依然是个热门、高收入职业。在未来相当长的时间里理财师队伍将迅速增长,素质不断提高,这主要取决于以下几个因素。

(1)理财服务需求大

据专业理财网站的调查,目前普通百姓中50%以上的人是无科学计划分配资产的;78%的人愿意接受专家顾问意见,自己理财;25%的人愿意接受服务委托理财;70%的人认为有必要时常对自己的投资绩效进行评估。可见,理财时代的客户需求是热切的。但与此同时我国理财规划人才缺乏。目前我国理财师(或主要从事与理财业务相关的业务人员)主要分布于银行、保险、证券等金融机构。

(2)理财师培养工作推动

在国际上一个国家同时有两种或更多种类理财师资格证书并存并不少见。国内多年来就有中国金融理财标准委员会(简称标委会)认证的金融理财师(CFP/AFP)证书,国家人力资源和社会保障部设立、颁布的理财规划师(ChFP)证书,以及纳入全国专业技术人员职业资格的银行业专业人员职业资格财富管理师(WMP)证书。

(3)行业自理和规范管理

在关于2014年银行理财业务监管工作的意见通知中,银监会明确提及建立银行业理财师资格认证分级体系、网上理财师继续教育培训体系,培养专业化理财业务从业人员;证监会在其2010年《投资顾问业务暂行规定》中,把理财规划作为证券公司有偿专业化服务的重要内容之一,有效地推动了证券公司的经纪业务转型。

(4)收入稳定、受人尊敬

优秀理财师年薪一般在10万至100万元,国内各大商业银行、外资银行、证券公司、保险公司及其他金融机构对理财师的培养和团队的建设倾注了较大的资源,理财师成为我国最具有广阔发展前景的职业之一。

(5)合格理财师的职场选择多、提升空间大

金融机构理财师作为一个职业,收入高,职场长期发展前景也非常好。在工作中金融机构和大众对理财师相关专业理论水平、投资理财规划实操技能和市场营销、客户服务等方面的能力、经验都有很高的要求。

(6)终身的职业,越老越吃香

目前,中国理财师队伍普遍年轻化。除了理论知识学习和通过专业证书考试外,人生阅历、沟通技能和行业实践经验积累等对一名合格的理财师都非常重要。美国的理财师平均年龄45岁左右,而中国香港的优秀理财师一般也都是是中年人。

2.理财师素质水平参差不齐

理财规划服务是一项知识性、技术性和实战性非常强的综合性业务,它对理财师的专业素质要求很高,理财师应该熟练掌握投资、保险、法律、财务和税收等多方面的知识,具备丰富的实务操作经验。目前,我国理财行业发展时间较短,理财师水平参差不齐,而且普遍比较年轻。

3.市场认可度有待提高

首先,如前文所述,由于现阶段理财师素质水平参差不齐,实战经验弱,客户对理财师的信任度和依赖度不强,造成了理财师的市场认可度有待提高。

其次,客户对理财观念尚存在一定的误区,虽然近期受到互联网金融的影响,老百姓理财意识提

高较快，但现阶段不少人还停留在仅追求高收益率的层级，对于理财真正的内涵和功能理解不深刻，他们中的大部分人认为理财就是投资，就是选择高收益的产品，不需要理财师的专业指导，这也造成了理财师的市场认可度有待提高。

最后，中国资本市场不健全，投资渠道匮乏，基金、股票、债券、保险品种相对单一，外汇资本项目尚未放开，金融衍生产品还在起步阶段，这使得中国现有的理财市场受到一定限制，无法满足高端客户的个性化需求，高端客户对理财师的专业化服务接受度上升空间很大。

经典例题

10.【单选】个人理财业务是建立在(　　)基础之上的银行业务，是一种个性化、综合化的服务活动。

A.代理-委托关系　　B.委托-代理关系

C.顾问性质　　D.充当理财顾问

【答案】D

11.【例题，判断题】商业银行个人理财业务人员，为一般性的业务咨询人员。

【答案】×

答案解析：商业银行个人理财业务人员是指那些能够为客户提供上述专业化服务的业务人员，以及其他与个人理财业务销售和管理活动紧密相关的专业人员，而非一般性业务咨询人员。

12.【多选】以下关于理财师的职业特征阐述正确的是(　　)。

A.理财师提供理财规划，要考虑短期的佣金收入

B.理财规划制定以后，就可以一直用

C.理财顾问服务必须熟悉和遵守相关的法律法规，应具有标准的服务流程、健全的管理体系以及明确的相关部门和人员的责任。

D.专业性

E.综合性

【答案】CDE

13.【单选】贵宾客户孟先生委托金融理财师小赵按照既定理财规划方案进行资产配置，方案中配置了60%的货币基金和40%的股票基金。双方约定重大交易需要经孟先生同意。方案执行一月后，股票基金亏损较大。小赵在没有通知孟先生的情况下把绝大部分货币基金转换为股票基金，后来由于股票市场强劲反弹，收益颇丰。小赵弥补损失后恢复了原来的资产配置。根据《金融理财师职业道德准则》，金融理财师小赵(　　)。

A.调整资产配置没有按照合同约定通知孟先生，违反了职业道德原则

B.尽管没有征得客户同意，但帮助客户挽回了损失，因而没有违反职业道德准则

C.金融机构员工不得参与证券交易，违反了守法遵规的原则

D.直接代替客户进行交易，违反了专业胜任的原则

【答案】A

14.【单选】银行代理销售XX货币市场基金，客户经理可以从银行代理销售取得的手续费中提取20%的业绩奖。金融理财师小张的客户刘伟的投资组合中已经包括了200万元的货币市场基金，占其投资组合比重为40%。小张为了增加业绩，建议刘伟再购买150万元XX基金，但并未披露自己可能从中获得的佣金。请问，小张是否违反了职业道德？如有违反，违反了哪条准则？（　）

A.违反了客观公正准则

B.违反了正直诚信准则

C.没有违反任何职业道德准则

D.违反了保守秘密准则

【答案】A

15.【单选】根据职业道德准则，以下情形中金融理财师的行为违反了专业胜任原则的是（　）。

A.金融理财师小张为了保持专业水平，按要求参加继续教育

B.金融理财师小张为客户进行离婚事件规划时，就自己不熟的领域，向律师咨询

C.金融理财师小张将向自己咨询瓷器投资问题的客户介绍给更专业的古董鉴赏专家

D.金融理财师小张在不熟悉期货投资的情况下，为客户提供期货投资的咨询

【答案】D

16.【例题，单选】小王没有注册理财规划师的资格，称自己为注册理财规划师持证人。张先生有一笔外汇资产，希望小王能为他设计一个外币理财产品的投资组合。小王感到自身的经验和能力均有所不足，未经张先生同意，即将张先生的资料转交给另一家外资银行的金融理财师小李。小王的行为（　）。

A.符合《金融理财师职业道德准则》

B.违反了客观公正和保守秘密原则

C.违反了专业胜任和客观公正原则

D.违反了保守秘密和正直诚信原则

【答案】D

17.【单选】某日，某银行零售业务部王某取得贵宾客户赵某书面授权，准备执行理财规划方案。在选择股票时，由于信息有限，她打电话给证券公司做自营业务的同学刘某询问适合投资的股票，刘某向她推荐了Z股票。电话结束后，她立即下单为赵某买入10万股Z股票。根据理财师职业道德准则的规定，她的行为（　）。

A.违反了正直诚信原则

B.违反了恪尽职守原则

C.违反了客观公正原则

D.没有违反任何职业道德准则

【答案】B

18.【单选】金融理财师小宋在为客户做保险规划时，根据客户的具体情况打算为客户配置健康保险。此时一家保险公司正在促销投资连结险，并承诺支付给推荐客户的金融理财师15%的佣金。小宋于是为客户配置了可获得预期高回报的投资连结险。此行为违反了《金融理财师职业道德准则》的（　）原则。

A.正直诚信　　B.专业胜任

C.客观公正　　D.专业精神

【答案】C

19.【例题,多选】国外有人把对合格理财师综合素质要求或标准概括为5个方面,关于5Cs阐述正确的是(　)

A.客户为中心

B.沟通交流能力

C.协调能力

D.专业水平

E.爱岗敬业

【答案】ABCD

【知识点】七、理财师的职业特征

作为一名理财师,需要正确分析和评估客户的财务状况,并根据客户所处的人生和职业生涯阶段、风险承受能力,为客户量身定制合理的综合理财方案,包括投资建议等。而理财师的建议和决定都与客户的家庭财富、生活幸福紧密相连,正是因为这样,理财师具有与众不同的职业特征。

(一)顾问性

在理财规划服务中,金融机构或理财师一般不涉及客户财务资源的具体操作,只提供建议,最终决策权在客户。如果客户接受建议并实施,因此产生的所有收益或风险均由客户拥有或承担。但如果涉及代客操作,一定要合乎有关规定,按照规定的流程并要签署必要的客户委托授权书和其他代理客户投资所必需的法律文件。

(二)专业性

理财规划服务是一项涉及业务范围广、专业性很强的服务,要求理财师或从业人员有扎实的金融基础知识和专业技能,能够熟练运用财务分析、理财工具、投资管理的方法,对相关的金融市场、工具及其交易机制有清晰的认识,对相关的金融产品的风险属性、收益性能针对客户财务状况、需求准确地测算和分析,在此基础上为客户提供科学有效的解决问题方案。

(三)综合性

理财规划服务涉及的内容非常广泛,它包括但不仅限于财务、法律、投资和债务管理、保险、税务等,理财师在作相关判断和规划时还要求能够兼顾客户家庭财务、非财务状况以及不同时期变化的需求。

(四)规范性

理财师的主要职责是为客户及其家庭提供全方位的专业投资理财建议,直接涉及客户大众的长远经济利益,因此金融机构和理财师提供理财顾问服务必须熟悉和遵守相关的法律法规,应具有标准的服务流程、健全的管理体系以及明确的相关部门和人员的责任。

（五）长期性

理财师提供理财规划，旨在帮助客户实现包括长期甚至一生的财务和人生目标、工作目标，寻求的就是不断、长期的客户资源积累，和对客户逐步的了解、长期关系的建立，从而能够提供一流的专业化服务，树立行业、机构和个人品牌信誉，不能只追求短期的收益。

（六）动态性

理财规划服务需根据客户的财务状况、理财目标、宏观经济和投资市场、工具等状况以及其他重要因素变化提供动态性的方案建议，在这个过程中会发生诸多情况，同时理财目标有长期、中期和短期性的，没有一成不变的。所以，理财师必须充分了解客户，不间断跟踪、评估和修正客户的理财方案、投资建议。

经典例题

20.【多选】理财顾问服务的特点包括(　　)。

A.顾问性　　B.专业性

C.综合性　　D.服务性

E.制度性

【答案】ABCE。

答案解析：理财顾问服务特点包括：①顾问性。在理财顾问服务中，商业银行不涉及客户财务资源的具体操作，商业银行只提供建议，最终决策权在客户。②专业性。理财顾问服务是一项专业性很强的服务，商业银行应区分一般性业务咨询活动与顾问服务，商业银行为销售储蓄存款产品、信贷产品等进行的产品介绍、宣传和推介等一般性业务咨询活动，不属于理财顾问服务。③综合性。理财顾问服务涉及的内容非常广泛。要求能够兼顾客户财务的各个方面。④制度性。商业银行提供理财顾问服务应具有标准的服务流程、健全的管理体系、明确的管理部门和相应的管理规章制度以及明确的相关部门和人员的责任。⑤长期性。商业银行提供理财顾问服务寻求的就是和客户建立一个长期的关系，不能只追求短期的收益。

21.【多选】关于理财顾问服务的特点，说法正确的有(　　)。

A.商业银行提供理财顾问服务寻求的是银行短期的经营业绩

B.理财顾问服务是一项专业性很强的服务，要求从业人员有扎实的金融基础知识

C.理财顾问服务对银行理财产品实现的是顾问式、组合式销售，能够提高业绩

D.理财顾问服务涉及的内容非常广泛，要求能够兼顾客户财务的各个方面需求

E.商业银行在理财顾问服务中提供建议，最终决策权在客户，收益或风险由银行和客户共同拥有或承担

【答案】BCD。

答案解析：商业银行提供理财顾问服务寻求的是和客户建立一个长期的关系，不能只追求短期的利益；银行提供建议，最终决策权在客户，所有权益或风险均由客户拥有或承担。A，E错误，故选BCD。

22.【多选】理财顾问服务具有顾问性、专业性、综合性、制度性和长期性的特点，以下关于这些特点，说法正确的是(　　)。

A.商业银行提供理财顾问服务寻求的是银行短期的经营业绩

B.理财顾问服务是一项专业性很强的服务,要求从业人员有扎实的金融基础知识

C.理财顾问服务对银行理财产品实现的是顾问式、组合式销售,能够提高业绩

D.理财顾问服务涉及的内容非常广泛,要求能够兼顾客户财务的各个方面需求

E.商业银行在理财顾问服务中提供建议,最终决策权在客户,收益或风险由银行和客户共同拥有或承担

【答案】BCD

23.【单选】银行个人理财业务从业人员的下列行为符合信息保密准则要求的是( )。

A.在受雇期间妥善保存客户资料及其交易信息档案

B.将长期没有业务往来的客户名单透露给其他机构

C.任何情况下都坚持严守客户信息,不向单位或者个人泄露

D.与本机构同事谈论客户的社会地位

【答案】A

【知识点】八、理财师的执业资格

(一)4E 执业资格

国内外各类专业理财证书基本都执行"4E"认证标准,"4E"由教育(Education)、考试(Examination)、工作经验(Experience)和职业道德(Ethics)四部分组成。

1.教育

按照 4E 标准要求,教育是理财师资格认证的首要环节。获得理财师资格必须通过规定的基本课程的学习,课程学习的内容包括跨行业的知识,主要有金融、投资、法律、保险、税务、员工福利和社会保障、遗产处置等方面。

在教育方面,美国金融理财师(CFP)要求学员完成经培训机构认可的大学教育或与大学教育程度相当的理财培训项目。教育培训课程主要包括金融理财概论、保险规划与风险管理、职工福利规划、投资规划、税务规划、退休规划及遗产规划等六大方面。

2.考试

教育是成为合格理财师的基础,能够让参与者全面系统地掌握金融理财原理、工具、方法和程序。但是,教育的效果必须通过考试才能体现出来,参加学习、通过培训并不能确保成为合格的理财师,还必须通过考试来检验申请人对理财知识和技能的掌握。

3.工作经验

理财从业人员通过了理财师资格认证考试,还不能立即被授予理财师资格证书,还要根据其工作经验和从业记录等进行资格审核。

4.职业道德

(1)职业道德的重要性

首先,职业道德是获得理财师资格认证的最后环节,也是最重要的环节。

职业道德一般由行业协会或专业资格认证机构制订、监督执行,它比法律法规更宽泛严格。所以,理财师应以国家相关法律法规为行为准绳,遵守监管部门的相关规章制度,同时理财师应遵守所属行业和金融机构的管理规章和理财师职业道德。

其次,职业道德要求是理财行业和理财师职业发展的有力保证。

最后，严格的职业道德标准要求有利于树立理财师专业人士良好品牌形象，取得大众的信任。

理财师作为理财规划的专业服务人员，在服务流程中充当“受托人”和“中介人”的角色，其工作是以客户的信任为基础、前提，以理财师的专业能力为保障。而客户的信任，最终来源于理财师的职业道德。只有每一位从业者都遵守职业道德，才能获取客户们的持续信任，理财行业才能健康发展。因此，遵守职业道德是理财师应具备的最重要的职业素养。

(2)职业道德准则

理财师应该遵守什么样的职业道德准则呢？国内外各类理财师证书对职业道德方面都有相近的一些要求，或主要标准基本相同，有人用FTHICS(操守、道德)英文的几个字母概括理财师职业道德几方面的要求：

尽职、高效的(Efficient)；

值得信赖的(TrustWorthy)；

诚实的(Honest)；

正直公正的(Integrity)；

忠于客户的(Client)；

热情(Sincere)。

根据国内理财行业发展状况和理财师实际工作环境、需要，可以把我国金融机构尤其银行理财师的职业道德要求总结为：遵纪守法、保守秘密、正直守信、客观公正、勤勉尽职、专业胜任六项职业道德准则。

第一，遵纪守法。一方面，作为现代社会的个人理财师必须做一个遵纪守法的公民；同时，理财师从事的工作会涉及诸多理财产品销售、合同签订、税务筹划、证券投资等多个领域，因此，会涉及许多相关的法律法规，如《合同法》、《婚姻法》、《个人所得税法》、《信托法》、《保险法》、《反洗钱法》等。而且在开展理财业务的过程中还有许多监管部门和所属机构的管理要求，例如《证券投资基金销售管理办法》、《保险兼业代理管理暂行办法》、《银行与信托公司业务合作指引》以及所属机构的各项产品销售管理办法等。

第二，保守秘密。理财师在未经客户或所在机构明确同意的情况下，不得泄露任何客户或所在机构的相关信息，包括客户的个人信息、家庭信息、资产信息等核心隐私，以及所在机构的商业秘密。

第三，正直守信。理财师在为客户提供专业理财服务时，应当遵守正直守信原则，即踏踏实实地为客户提供应该提供的理财服务，不要以诱导或夸大事实等方式销售，不要因为个人的利益而损害客户利益。

第四，客观公正。所谓客观公正就是理财师要以自己的专业水准来判断，坚持客观性，不带任何个人感情。在理财业务开展过程中，公正对待每一位客户、委托人、合伙人或所在的机构。

第五，勤勉尽职。勤勉尽职原则要求理财师在开展理财业务过程中，要勤恳周到、及时有效地完成工作。勤勉尽职就是要求理财师工作时干练和细心，对于提供的专业服务，在事前要进行充分的调查、分析和计划；在事中要进行充分的沟通、协调，并根据客户实际需求进行合理的调整；在事后要进行合理的跟踪与监控。

第六，专业胜任。理财师是一种涉及多领域专业知识及需要丰富的实战经验的职业。而理财行业又是产品创新和服务创新最为集中的行业之一，因此，理财师必须具备良好的专业素养，并且时刻保证专业知识的再学习和再提升，以实现自身的专业知识与时俱进，保证自己成为一名合格胜任的理财师。

(3)国内外认证机构的一些具体职业道德规定

FPAT要求证书申请者披露是否有过去的或现在进行中的诉讼或其他被调查的案件。同时，签署职业道德和执业准则声明文件,同意遵守理财师委员会的相关道德准则,并由专业人士(律师、会计师或协会认可的专业人士)出具推荐书。

2011年中国银监会为了进一步规范金融机构从业人员职业操守,提高从业人员职业道德和业务素质,颁布了《银行业金融机构从业人员职业操守指引》,就尊重客户、保护隐私、遵纪守法、廉洁从业等几方面对理财从业人员提出了明确的要求。同时,2012年起实施的《商业银行理财产品销售管理办法》中,也明确要求销售人员从事理财产品销售活动时,应该遵循勤勉尽职、诚实守信、公平对待客户和专业胜任原则。

(二)合格理财师的标准

符合了"4E"认证标准,一般来说理财从业人员就可以持证上岗、成为一名理财师了。但是,要成为一名合格的理财师,还需要具备过硬的"本领"或职业素养,"持证"只是基本要求。

1.理财师的工作职责与定位

理财师是提供理财规划服务或理财顾问服务的专业人士。在银行,理财顾问服务是指商业银行通过理财师向客户提供财务分析与规划、投资建议、个人投资产品推介等专业化服务。但是由于我国理财业务和理财顾问服务起步较晚,发展时间短,社会大众理财意识和行业理财师水平有待提高,在许多金融机构理财师还是主要扮演着金融产品销售的角色,强调的是销售业绩和指标。

2.合格理财师的标准

与家庭医生的标准类似,合格理财师的标准也可以概括为三点:品德、服务和专业能力。

(1)品德,作为代表金融机构的专业人士,理财师人品、形象和其专业能力、服务水平一样是合格、成功的关键。

(2)服务,金融机构是服务行业,服务为本、服务至上;理财师不仅要有全面较高的理论知识和专业能力,同时必须拥有较强的以客户为中心、提供超预期令客户十分满意的服务意识和本领。

(3)专业,理财师的专业能力可以概括为如下两点:

首先,了解、分析客户的能力,包括掌握接触客户、取得客户信赖的方法,收集、整理客户信息,客户分类和了解、分析客户需求等工作;

其次,投资理财产品选择、组合和理财规划的能力,相当于医生对症下药、抓药配方的能力;在工作中,理财师关键技能体现在资产配置上。

学历、行业资格证书和工作经验是理财师专业能力的保证和佐证,但最终也体现在上述两大能力上。

国外有人把对合格理财师综合素质要求或标准概括为5个方面,用5Cs代表,即坚持以客户为中心(Client)、沟通交流能力(Communication)、协调能力(Coordination)、专业水平(Competence)和高尚的职业操守(Commitmentto Ethics)。

第一,坚持以客户为中心。这一点主要强调理财师应该处处把客户的利益放在第一位,急客户所急、想客户所想,具备优异客户服务的意识和技能。

第二,沟通交流能力。客户是理财规划服务的出发点和终点,接触、了解客户需求和向客户解释、推荐理财建议方案、产品选择等,都需要理财师对其进行了解、引导,而沟通技巧就成为是否能成功地让客户接受理财师及其综合理财规划服务的关键。因此,良好的沟通能力是一名职业理财师所应具备的基本素质。

第三,协调能力。理财师在了解客户、分析其家庭财务状况和制订、执行综合理财规划过程中,不仅要与某一个客户打交道,同时还需要和客户的家人(配偶、子女、父母等)以及其他专业人士(如律师、会计师)打交道。

第四，专业能力。理财师的专业能力是理财规划专业服务水平和金融机构理财业务发展状况的保证，也是在理财行业竞争日益加剧的市场情况下，客户评判和选择金融机构、选择理财顾问的主要依据。

第五，高尚的职业操守。对理财师的职业道德或操守严格要求，首先因为理财师的工作是与人打交道，加上理财产品和服务的特殊性（如无形、不可分割、个性化等），社会大众对金融机构、理财师的印象和信赖自始至终都起到关键作用。

（三）理财师的社会责任

我国理财行业正处于快速成长中，其长期健康发展需要大家一起努力，理财师有着义不容辞和无可替代的职责。

1.理财师是国家金融政策和金融法规的重要传导者

理财师应积极、主动宣传包括与理财业务相关的各类市场相关法律、法规知识，引导客户了解国家金融政策和法规，避免因对政策的不了解，而无法行使和维护自身的权利。

2.理财师是正确的投资理念的重要宣导者

理财师将为解决国民财富增长之后出现的日益尖锐的理财问题起到关键作用。理财师要为客户量身制定详细周密的理财方案，实现客户资产的保值增值和其他的理财要求。

3.理财师是理财风险的揭示者

“理财有风险，投资需谨慎”的原则是对投资理财所面临的风险和收益的最佳诠释，理财师在为客户制定理财规划或提供理财建议时，必须正确揭示其中的风险。

4.理财师是客户声音的反馈者

理财师不仅代表了所服务的金融机构，而且是客户利益的代理者。

理财师的职业道德准则中的第一要点就是理财师要遵纪守法。遵纪守法不仅是理财师作为一个公民需要遵守的行为规范，更是理财师开展工作时需要掌握的基本原则。

经典例题

【多选】“4E”认证标准由（　　）组成。

A.教育　　B.考试

C.工作经验　　D.职业道德

E.专业技能

【答案】ABCD

解析：“4E”认证标准由教育（Education）、考试（Examination）、工作经验（Experience）和职业道德（Ethics）四部分组成。

第二章　个人理财业务相关法律法规

【考点图示】

- 理财师的法律法规基础知识
  - 1.法律知识的重要性:法律配置资源的方法是明确主体,确认产权和规范物权及债权
  - 2.中国的法律体系:宪法为统帅,法律为主干,行政法规、地方性法律为重要组成部分及多个法律部门组成统一整体;理财规划师涉及法律体系中的法律和行政法规二部分
  - 3.民事法律关系介绍:基本原则、主体、代理制度
  - 4.合同法律关系:概念、订立、格式条款、无效合同、免责、可撤销、履行,违约承担形式
- 理财规划中的法律法规
  - 1.物权法:管理标准、可抵押或不可抵押财产、抵押合同条款、质权合同条款,可质押的权力
  - 2.婚姻法:共同财产、一方财产、其它规定
  - 3.个人独资企业法和合伙企业法:个人独资设立条件5个、解散清偿顺序;普通合伙企业设立条件、有限合伙设立条件
- 熟悉商业银行理财产品及销售相关的法律法规
  - 1.商业银行理财产品涉及的重要法律法规
  - 2.基金代销业务涉及的法律法规
  - 3.保险代理业务涉及的法律法规
  - 4.银信理财业务涉及的法律法规
  - 5.黄金期货交易业务涉及的法律法规
  - 6.个人外汇管理涉及的法法律法规

【知识点】一、法律知识的重要性

法律意识是一定社会的公民对法律和法律对象的主观把握方式，是社会主体对法律的知识、意志和情感的总和。

法律配置资源的方法是明确主体、确认产权和规范物权以及债权。

第一，法律将人们按照一定依据划分为具有特定属性的主体，如国家、组织、个人；

第二，法律规定人们对物的财产权利，如公有、共有和私有；

第三，法律规范人们处理物权的行为，如占有、使用、收益和处分；

第四，法律使人们的社会关系上升为法律关系，即法定权利和义务关系；

第五，法律约束人们的行为，即假定、处理和制裁；

第六，法律规范有国家强制力保证实施

经典例题

1.【判断】法律意识是一定社会的公民对法律和法律对象的主观把握方式，是社会主体对法律的知识、意志和情感的总和。

A.正确　　　　B.错误

【答案】A

【知识点】二、中国的法律体系

中国特色社会主义法律体系，是以宪法为统帅，以法律为主干，以行政法规、地方性法规为重要组成部分，由宪法相关法、民法商法、行政法、经济法、社会法、刑法、诉讼与非诉讼程序法等多个法律部门组成的有机统一整体。

在理财师的实际工作中主要涉及法律体系中的法律和行政法规两部分。

其中涉及的法律包括《中华人民共和国民法通则》、《中华人民共和国合同法》、《中华人民共和国商业银行法》、《中华人民共和国证券法》、《中华人民共和国证券投资基金法》、《中华人民共和国保险法》、《中华人民共和国信托法》等。

涉及的行政法规包括《商业银行理财销售管理办法》、《证券投资基金销售管理办法》、《保险兼业代理管理暂行办法》等。

法规是由政府机构依照相应法律进行细化后的规则，虽然效力不及法律，但更加贴近理财师的实际工作，是理财师执业中的主要依据。

经典例题

2.【单选】中国特色社会主义法律体系以(　　)为统帅。

A.宪法　　　　B.刑法

C.民法　　　　D.经济法

【答案】A

【知识点】三、民事法律关系介绍

个人理财业务活动中法律关系的主体有两个:金融机构和客户。

金融机构和客户是两个平等的民事主体,金融机构为客户进行的财务分析、财务规划、投资顾问、资产管理等专业化服务活动,是基于二者之间确定的民事活动。

民事主体之间进行的民事活动,应当遵守《中华人民共和国民法通则》(以下简称《民法通则》)的规定。

《民法通则》是我国对民事活动中一些共同性问题所作的法律规定。它确定了进行民事活动的基本原则,内容包括公民和法人的法律地位、民事法律行为、民事代理制度、民事权利和民事责任等内容。

(一)民事法律行为的基本原则

民事法律行为是指公民或者法人设立、变更、终止民事权利和民事义务的合法行为。平等的民事法律主体之间进行的民事法律活动,应当遵循民事法律的自愿、公平、等价有偿、诚实信用的原则。(四大原则,多次考到)

诚实信用原则是民事活动中最核心、最基本的原则。是开展个人理财业务必须遵守民事法律的基本原则。

(二)民事法律关系主体

民事法律关系主体是指参与民事法律关系、享有民事权利并承担民事义务的"人"。这里的"人"应作宽泛的理解,包括公民(自然人)、法人以及非法人组织。

在个人理财业务中,民事法律关系的主体就是金融机构和个人客户。这里的金融机构是法人组织,个人客户一般是指公民(自然人)。

1.公民(自然人)

《民法通则》对自然人的民事权利能力和民事行为能力做了以下规定:

(1)自然人的民事权利能力。自然人是基于出生而取得民事主体资格的人,包括本国公民、外国公民和无国籍人。自然人的民事权利能力,是指法律赋予自然人参加民事法律关系、享有民事权利、承担民事义务的资格,具有平等性、不可转让性等特征,始于出生终于死亡。

(2)自然人的民事行为能力。自然人的民事行为能力是指自然人能够以自己的行为独立参加民事法律关系、行使民事权利和设定民事义务的资格。

《民法通则》对自然人的民事行为能力根据自然人的年龄和智力状况做了如下分类:

第一,完全民事行为能力人。十八周岁以上的公民是成年人,具有完全民事行为能力,可以独立进行民事活动,是完全民事行为能力人。十六周岁以上不满十八周岁的公民,以自己的劳动收入为主要生活来源的,视为完全民事行为能力人。

第二,限制民事行为能力人。十周岁以上的未成年人是限制民事行为能力人,可以进行与他的年龄、智力相适应的民事活动;其他民事活动由他的法定代理人代理,或者征得他的法定代理人的同意。不能完全辨认自己行为的精神病人是限制民事行为能力人,可以进行与他的精神健康状况相适应的民事活动;其他民事活动由他的法定代理人代理,或者征得他的法定代理人的同意。

第三,无民事行为能力人。不满十周岁的未成年人是无民事行为能力人,由他的法定代理人代理民事活动。不能辨认自己行为的精神病人是无民事行为能力人,由他的法定代理人代理民事活动。无民事行为能力人、限制民事行为能力人的监护人是他的法定代理人。

个人理财业务的客户应当是完全民事行为能力的自然人，以及无民事行为能力人、限制民事行为能力人的法定代理人。

2.法人

(1)法人的概念。《民法通则》第三十六条规定，法人是具有民事权利能力和民事行为能力，依法独立享有民事权利和承担民事义务的组织。

(2)法人成立的要件。《民法通则》第三十七条规定："法人应当具备下列条件：

(一)依法成立；

(二)有必要的财产或者经费；

(三)有自己的名称、组织机构和场所；

(四)能够独立承担民事责任。"

(3)法人的分类。《民法通则》以法人活动的性质为标准，将法人分为企业法人、机关法人、事业单位法人和社会团体法人。

在个人理财业务，特别是私人银行业务中，最常见的法人客户是企业法人。在我国，公司法人是最重要的企业法人形式，根据《中华人民共和国公司法》的规定，公司分为有限责任公司和股份有限公司。

(三)民事代理制度

民事代理制度是最重要的民事法律制度之一。个人理财业务中客户委托商业银行理财，实质就是商业银行代理客户理财，客户和商业银行就是委托和代理关系。

1.代理的基本含义

《民法通则》第六十三条规定：公民、法人可以通过代理人实施民事法律行为。

代理人在代理权限内，以被代理人的名义实施民事法律行为。被代理人对代理人的代理行为，承担民事责任。依照法律规定或者按照双方当事人约定，应当由本人实施的民事法律行为，不得代理。

2.代理的特征

(1)代理人须在代理权限内实施代理行为；

(2)代理人须以被代理人的名义实施代理行为；

(3)代理行为必须是具有法律效力的行为；

(4)代理行为须直接对被代理人发生效力；

(5)代理人在代理活动中具有独立的法律地位。

3.代理的分类

根据代理权产生的根据不同，可以将代理分为委托代理、法定代理和指定代理。委托代理人按照被代理人的委托行使代理权，法定代理人依照法律的规定行使代理权，指定代理人按照人民法院或者指定单位的指定行使代理权。

4.委托代理

委托代理的基础法律关系一般是委托合同关系。民事法律行为的委托代理，可以用书面形式，也可以用口头形式。

法律规定用书面形式的，应当用书面形式。书面委托代理的授权委托书应当载明代理人的姓名或者名称、代理事项、权限和期间，并由委托人签名或者盖章。委托书授权不明的，被代理人应当向第三人承担民事责任，代理人负连带责任。

委托代理人为被代理人的利益需要转托他人代理的，应当事先取得被代理人的同意。事先没有取得被代理人同意的，应当在事后及时告诉被代理人，如果被代理人不同意，由代理人对自己所转托的人的行为负民事责任，但在紧急情况下，为了保护被代理人的利益而转托他人的除外。

5.代理的法律责任

(1)没有代理权、超越代理权或者代理权终止后的行为，只有经过被代理人的追认，被代理人才承担民事责任。未经追认的行为，由行为人承担民事责任。本人知道他人以本人名义实施民事行为而不作否认表示的，视为同意。

(2)代理人不履行职责而给被代理人造成损害的，应当承担民事责任。

(3)代理人和第三人串通，损害被代理人的利益的，由代理人和第三人负连带责任。

(4)第三人知道行为人没有代理权、超越代理权或者代理权已终止还与行为人实施民事行为给他人造成损害的，由第三人和行为人负连带责任。

(5)代理人知道被委托代理的事项违法仍然进行代理活动的，或者被代理人知道代理人的代理行为违法不表示反对的，由被代理人和代理人负连带责任。

6.代理的终止

有下列情形之一的，委托代理终止：

(1)代理期间届满或者代理事务完成；

(2)被代理人取消委托或者代理人辞去委托；

(3)代理人死亡；

(4)代理人丧失民事行为能力；

(5)作为被代理人或者代理人的法人终止。

有下列情形之一的，法定代理或者指定代理终止：

(1)被代理人取得或者恢复民事行为能力；

(2)被代理人或者代理人死亡；

(3)代理人丧失民事行为能力；

(4)指定代理的人民法院或者指定单位取消指定；

(5)由其他原因引起的被代理人和代理人之间的监护关系消灭。

经典例题

1.下列不能成为民事法律关系主体的是(　　)。

A.自然人　　B.法人

C.标的物　　D.国家

【答案】C

2.土地使用权属于(　　)。

A.民事法律关系主体

B.民事法律关系客体

C.民事法律关系的内容

D.以上选项均不正确

【答案】B

3.民事法律行为与其他民事行为最根本的区别在于(　　)。

A.有效性　　B.合法性

C.补偿性　　D.专属性

【答案】B

4.限制行为能力人未得到法定代理人允许的合同行为这应当属于(　　)。

A.可撤销的民事行为

B.不可撤销的民事行为

C.可变更的民事行为

D.效力未定的民事行为

【答案】D

5.下列不属于可变更、可撤销民事行为类型的是(　　)。

A.重大误解而实施的民事行为

B.显示公平的民事行为

C.乘人之危的民事行为

D.无权处分的民事行为

【答案】D

6.个人理财业务中,客户和商业银行之间是(　　)关系。

A.契约　　B.信托

C.法定代理　　D.委托代理

【答案】D

7.下列关于代理的说法中,不正确的是(　　)。

A.代理人在代理权限内,以被代理人的名义实施民事法律行为

B.法人可以通过代理人实施民事法律行为

C.代理人在代理活动中具有附属的法律地位

D.依照法律规定或者按照双方当事人约定,应当由本人实施的民事法律行为,不得代理

【答案】C

9.委托代理终止的情形包括(　　)。

A.代理人丧失民事行为能力

B.作为被代理人或者代理人的法人终止

C.被代理人取消委托或者代理人辞去委托

D.代理期间届满或者代理事务完成

E.代理人死亡人

【答案】ABCDE

10.根据《民法通则》,下列属于企业法人的有(　　)。

A.中国银行股份有限公司

B.北京××服装有限责任公司

C.少林寺

D.社会科学联合会

E.中国人民银行

【答案】AB

【知识点】四、合同法律关系

合同是引起民事法律关系最重要的方式。个人理财业务是建立在金融机构和客户签订的相关合同基础之上。理财业务的合同应当符合《中华人民共和国合同法》(以下简称《合同法》)的规定。

(一)合同的概念

《合同法》第二条第一款规定:“本法所称合同是平等主体的自然人、法人、其他组织之间设立、变更、终止民事权利义务关系的协议。”

(二)合同的订立

当事人订立合同,应当具有相应的民事权利能力和民事行为能力。当事人依法可以委托代理人订立合同。

当事人在订立合同过程中知悉的商业秘密,无论合同是否成立,不得泄露或者不正当地使用。泄露或者不正当地使用该商业秘密给对方造成损失的,应当承担损害赔偿责任。

当事人订立合同,有书面形式、口头形式和其他形式。书面形式是指合同书、信件和数据电文(包括电报、电传、传真、电子数据交换和电子邮件)等可以有形地表现所载内容的形式。

(三)格式条款合同

采用格式条款订立合同的,提供格式条款的一方应当遵循公平原则确定当事人之间的权利和义务,并采取合理的方式提醒对方注意免除或者限制其责任的条款,按照对方的要求,对该条款予以说明。

格式条款是当事人为了重复使用而预先拟定,并在订立合同时未与对方协商的条款。

对格式条款的理解发生争议的,应当按照通常理解予以解释。对格式条款有两种以上解释的,应当作出不利于提供格式条款一方的解释。格式条款和非格式条款不一致的,应当采用非格式条款。

(四)无效合同

有下列情形之一的,合同无效:

1.一方以欺诈、胁迫的手段订立合同,损害国家利益;

2.恶意串通,损害国家、集体或者第三人利益;

3.以合法形式掩盖非法目的;

4.损害社会公共利益;

5.违反法律、行政法规的强制性规定。

(五)合同中免责条款的无效

《合同法》第五十三条规定,合同中的下列免责条款无效:

1.造成对方人身伤害的;

2.因故意或者重大过失造成对方财产损失的。

（六）可撤销的合同

签订的合同有下列情形时，当事人一方有权请求人民法院或者仲裁机构变更或者撤销：

1.因重大误解订立的；

2.在订立合同时显失公平的。

一方以欺诈、胁迫的手段或者乘人之危，使对方在违背真实意思的情况下订立的合同，受损害方有权请求人民法院或者仲裁机构变更或者撤销。

（七）合同的履行

1.当事人应当按照约定全面履行自己的义务。

2.合同履行的抗辩权。

第一，同时履行抗辩权：当事人互负债务，没有先后履行顺序的，应当同时履行。一方在对方履行之前有权拒绝其履行要求。一方在对方履行债务不符合约定时，有权拒绝其相应的履行要求。

第二，先履行抗辩权：当事人互负债务，有先后履行顺序，先履行一方未履行的，后履行一方有权拒绝其履行要求。先履行一方履行债务不符合约定的，后履行一方有权拒绝其相应的履行要求。

第三，不安抗辩权：应当先履行债务的当事人，有确切证据证明对方有下列情形之一的，可以中止履行：

(1)经营状况严重恶化；

(2)转移财产、抽逃资金，以逃避债务；

(3)丧失商业信誉；

(4)有丧失或者可能丧失履行债务能力的其他情形。

当事人没有确切证据中止履行的，应当承担违约责任。

（八）违约责任

违约责任是指当事人一方不履行合同债务或其履行不符合合同约定时，对另一方当事人所应承担的继续履行、采取补救措施或者赔偿损失等民事责任。

违约责任的承担形式主要有：

1.违约金责任；

2.赔偿损失；

3.强制履行；

4.定金责任；

5.采取补救措施。

经典例题

8.下列关于合同订立的说法中，不正确的是(　　)。

A.当事人订立合同，应当具有相应的民事权利能力和民事行为能力

B.当事人必须本人订立合同，不得代理

C.当事人在订立合同过程中知悉的商业秘密，无论合同是否成立，不得泄露或者不正当地使用

D.当事人订立合同，有书面形式、口头形式和其他形式

【答案】B

11.根据《合同法》,下列关于格式条款合同的说法中,正确的有(　　)。

A.采用格式条款订立合同的,提供格式条款的一方应当遵循公平原则确定当事人之间的权利和义务

B.采用格式条款订立合同的,提供格式条款的一方应当采取合理的方式提请对方注意免除或者限制其责任的条款

C.对格式条款的理解发生争议的,应当按照通常理解予以解释

D.对格式条款有两种以上解释的,应当做出不利于提供格式条款一方的解释

E.格式条款和非格式条款不一致的,应当采用格式条款

【答案】ABCD

12.根据《合同法》,以下说法中,正确的是(　　)

A.以合法形式掩盖非法目的合同属于无效合同

B.有确切证据表明对方经营状况严重恶化,应当先履行债务的当事人不可以中止履行

C.造成对方人身伤害则合同中的相关免责条款无效

D.在订立合同时显失公平的合同属于可撤销的合同

E.当事人互负债务,有先后履行顺序,后履行一方未履行的,先履行一方有权拒绝其履行要求

【答案】ACD

【知识点】五、物权法

物权是属于个人财产上的权利,在实际生活中个人财产大量体现为个人的不动产和动产。

不动产是指不可移动的有形财产,如土地及房屋、林木等地上附着物。

动产是指可以移动的有形财产,如飞机、船舶、汽车、电视机等。

《物权法》于2007年3月16日十届人大五次会议通过,分五编十九章,对物权的设立、所有权、用益物权、担保物权等进行了详细规定,于2007年10月1日开始施行。

1.不动产登记管理

《物权法》的有关规定:

第九条　不动产物权的设立、变更、转让和消灭,经依法登记,发生效力;未经登记,不发生效力,但法律另有规定的除外。

依法属于国家所有的自然资源,所有权可以不登记。

第十条　不动产登记,由不动产所在地的登记机构办理。

国家对不动产实行统一登记制度。统一登记的范围、登记机构和登记办法,由法律、行政法规规定。

第十四条　不动产物权的设立、变更、转让和消灭,依照法律规定应当登记的,自记载于不动产登记簿时发生效力。

第十五条　当事人之间订立有关设立、变更、转让和消灭不动产物权的合同,除法律另有规定或者合同另有约定外,自合同成立时生效;未办理物权登记的,不影响合同效力。

2.动产的交付管理

《物权法》的有关规定:

第二十三条　动产物权的设立和转让,自交付时发生效力,但法律另有规定的除外。

第二十四条　船舶、航空器和机动车等物权的设立、变更、转让和消灭，未经登记，不得对抗善意第三人。

第二十五条　动产物权设立和转让前，权利人已经依法占有该动产的，物权自法律行为生效时发生效力。

第二十六条　动产物权设立和转让前，第三人依法占有该动产的，负有交付义务的人可以通过转让请求第三人返还原物的权利代替交付。

第二十七条　动产物权转让时，双方又约定由出让人继续占有该动产的，物权自该约定生效时发生效力。

3.担保物权

《物权法》的有关规定：

第一百七十一条　债权人在借贷、买卖等民事活动中，为保障实现其债权，需要担保的，可以依照本法和其他法律的规定设立担保物权。

第三人为债务人向债权人提供担保的，可以要求债务人提供反担保。反担保适用本法和其他法律的规定。

4.抵押

《物权法》的有关规定：

第一百七十九条　为担保债务的履行，债务人或者第三人不转移财产的占有，将该财产抵押给债权人的，债务人不履行到期债务或者发生当事人约定的实现抵押权的情形，债权人有权就该财产优先受偿。

前款规定的债务人或者第三人为抵押人，债权人为抵押权人，提供担保的财产为抵押财产。

第一百八十条　债务人或者第三人有权处分的下列财产可以抵押：

(1)建筑物和其他土地附着物；

(2)建设用地使用权；

(3)以招标、拍卖、公开协商等方式取得的荒地等土地承包经营权；

(4)生产设备、原材料、半成品、产品；

(5)正在建造的建筑物；

(6)交通运输工具；

(7)法律、行政法规未禁止抵押的其他财产。

抵押人可以将前款所列财产一并抵押。

第一百八十四条　下列财产不得抵押：

(1)土地所有权；

(2)耕地、宅基地、自留地、自留山等集体所有的土地使用权，但法律规定可以抵押的除外；

(3)学校、幼儿园、医院等以公益为目的的事业单位、社会团体的教育设施、医疗卫生设施和其他社会公益设施；

(4)所有权、使用权不明或者有争议的财产；

(5)依法被查封、扣押、监管的财产；

(6)法律、行政法规规定不得抵押的其他财产。

第一百八十五条　设立抵押权，当事人应当采取书面形式订立抵押合同。

抵押合同一般包括下列条款：

(1)被担保债权的种类和数额；

(2)债务人履行债务的期限；

(3)抵押财产的名称、数量、质量、状况、所在地、所有权归属或者使用权归属；

(4)担保的范围。

5.质押

《物权法》的有关规定：

第二百零八条 为担保债务的履行，债务人或者第三人将其动产出质给债权人占有的，债务人不履行到期债务或者发生当事人约定的实现质权的情形，债权人有权就该动产优先受偿。

前款规定的债务人或者第三人为出质人，债权人为质权人，交付的动产为质押财产。

第二百零九条 法律、行政法规禁止转让的动产不得出质。

第二百一十条 设立质权，当事人应当采取书面形式订立质权合同。

质权合同一般包括下列条款：

(1)被担保债权的种类和数额；

(2)债务人履行债务的期限；

(3)质押财产的名称、数量、质量、状况；

(4)担保的范围；

(5)质押财产交付的时间。

第二百一十四条 质权人在质权存续期间，未经出质人同意，擅自使用、处分质押财产，给出质人造成损害的，应当承担赔偿责任。

第二百一十五条 质权人负有妥善保管质押财产的义务；因保管不善致使质押财产毁损、灭失的，应当承担赔偿责任。

质权人的行为可能使质押财产毁损、灭失的，出质人可以要求质权人将质押财产提存，或者要求提前清偿债务并返还质押财产。

第二百二十三条 债务人或者第三人有权处分的下列权利可以出质：

(1)汇票、支票、本票；

(2)债券、存款单；

(3)仓单、提单；

(4)可以转让的基金份额、股权；

(5)可以转让的注册商标专用权、专利权、著作权等知识产权中的财产权；

(6)应收账款；

(7)法律、行政法规规定可以出质的其他财产权利。

第二百二十四条 以汇票、支票、本票、债券、存款单、仓单、提单出质的，当事人应当订立书面合同。质权自权利凭证交付质权人时设立；没有权利凭证的，质权自有关部门办理出质登记时设立。

第二百二十五条 汇票、支票、本票、债券、存款单、仓单、提单的兑现日期或者提货日期先于主债权到期的，质权人可以兑现或者提货，并与出质人协议将兑现的价款或者提取的货物提前清偿债务或者提存。

第二百二十六条 以基金份额、股权出质的，当事人应当订立书面合同。以基金份额、证券登记结算机构登记的股权出质的，质权自证券登记结算机构办理出质登记时设立；以其他股权出质的，质权自工商行政管理部门办理出质登记时设立。

基金份额、股权出质后，不得转让，但经出质人与质权人协商同意的除外。出质人转让基金份额、股权所得的价款，应当向质权人提前清偿债务或者提存。

第二百二十七条 以注册商标专用权、专利权、著作权等知识产权中的财产权出质的，当事人应当订立书面合同。质权自有关主管部门办理出质登记时设立。

知识产权中的财产权出质后,出质人不得转让或者许可他人使用,但经出质人与质权人协商同意的除外。出质人转让或者许可他人使用出质的知识产权中的财产权所得的价款,应当向质权人提前清偿债务或者提存。

6.留置

《物权法》的有关规定:

第二百三十条 债务人不履行到期债务,债权人可以留置已经合法占有的债务人的动产,并有权就该动产优先受偿。

前款规定的债权人为留置权人,占有的动产为留置财产。

第二百三十一条 债权人留置的动产,应当与债权属于同一法律关系,但企业之间留置的除外。

第二百三十二条 法律规定或者当事人约定不得留置的动产,不得留置。

第二百三十三条 留置财产为可分物的,留置财产的价值应当相当于债务的金额。

第二百三十四条 留置权人负有妥善保管留置财产的义务;因保管不善致使留置财产毁损、灭失的,应当承担赔偿责任。

第二百三十五条 留置权人有权收取留置财产的孳息。

前款规定的孳息应当先充抵收取孳息的费用。

第二百三十六条 留置权人与债务人应当约定留置财产后的债务履行期间;没有约定或者约定不明确的,留置权人应当给债务人两个月以上履行债务的期间,但鲜活易腐等不易保管的动产除外。债务人逾期未履行的,留置权人可以

与债务人协议以留置财产折价,也可以就拍卖、变卖留置财产所得的价款优先受偿。

留置财产折价或者变卖的,应当参照市场价格。

第二百五十七条 债务人可以请求留置权人在债务履行期届满后行使留置权;留置权人不行使的,债务人可以请求人民法院拍卖、变卖留置财产。

第二百三十八条 留置财产折价或者拍卖、变卖后,其价款超过债权数额的部分归债务人所有,不足部分由债务人清偿。

第二百三十九条 同一动产上已设立抵押权或者质权,该动产又被留置的,留置权人优先受偿。

第二百四十条 留置权人对留置财产丧失占有或者留置权人接受债务人另行提供担保的,留置权消失。

经典例题

13.债务人或者第三人有权处分的财产可以抵押的有(　　)。

A.建设用地使用权

B.学校的教学楼

C.土地所有权

D.正在建造的建筑物、船舶、航空器

E.医院的大型或贵重医疗器械

【答案】AD

【知识点】六、婚姻法

2001年4月28日,九届全国人大常委会第21次会议通过了对《中华人民共和国婚姻法》的修订,新修订的婚姻法同日起施行。婚姻法的内容,包括关于婚姻的成立和解除,婚姻的效力,特别是夫妻间的权利和义务等。

其中与个人理财业务相关的重要法条包括：

第十七条 夫妻在婚姻关系存续期间所得的下列财产，归夫妻共同所有：

工资、奖金；

生产、经营的收益；

知识产权的收益；

继承或赠与所得的财产，但本法第十八条第三项规定的除外；

其他应当归共同所有的财产。

夫妻对共同所有的财产，有平等的处理权。

第十八条 有下列情形之一的，为夫妻一方的财产：

一方的婚前财产；

一方因身体受到伤害获得的医疗费、残疾人生活补助费等费用；

遗嘱或赠与合同中确定只归夫或妻一方的财产；

一方专用的生活用品；

其他应当归一方的财产。

第十九条 夫妻可以约定婚姻关系存续期间所得的财产以及婚前财产归各自所有、共同所有或部分各自所有、部分共同所有。约定应当采用书面形式。没有约定或约定不明确的，适用本法第十七条、第十八条的规定。

夫妻对婚姻关系存续期间所得的财产以及婚前财产的约定，对双方具有约束力。

夫妻对婚姻关系存续期间所得的财产约定归各自所有的，夫或妻一方对外所负的债务，第三人知道该约定的，以夫或妻一方所有的财产清偿。

第二十条 夫妻有互相扶养的义务。

一方不履行扶养义务时，需要扶养的一方，有要求对方付给扶养费的权利。

第三十七条 离婚后，一方抚养的子女，另一方应负担必要的生活费和教育费的一部或全部，负担费用的多少和期限的长短，由双方协议；协议不成时，由人民法院判决。

关于子女生活费和教育费的协议或判决，不妨碍子女在必要时向父母任何一方提出超过协议或判决原定数额的合理要求。

第三十九条 离婚时，夫妻的共同财产由双方协议处理；协议不成时，由人民法院根据财产的具体情况，照顾子女和女方权益的原则判决。

夫或妻在家庭土地承包经营中享有的权益等，应当依法予以保护。

第四十一条 离婚时，原为夫妻共同生活所负的债务，应当共同偿还。共同财产不足清偿的.或财产归各自所有的，由双方协议清偿；协议不成时，由人民法院判决。

第四十二条 离婚时，如一方生活困难，另一方应从其住房等个人财产中给予适当帮助。具体办法由双方协议。

第四十七条 离婚时，一方隐藏、转移、变卖、毁损夫妻共同财产，或伪造债务企图侵占另一方财产的，分割夫妻共同财产时，对隐藏、转移、变卖、毁损夫妻共同财产或伪造债务的一方，可以少分或不分。离婚后，另一方发现有上述行为的，可以向人民法院提起诉讼，请求再次分割夫妻共同财产。

经典例题

3.【多选】以下属于夫妻共同财产的有(　　)。

A.夫妻在婚姻关系存续期间所得工资、奖金

B.夫妻一方在婚姻关系存续期间生产、经营的收益

C.夫妻一方的婚前财产

D.遗嘱或赠与合同中确定只归夫或妻一方的财产

E.夫妻一方在婚姻关系存续期间知识产权的收益

【答案】ABE

解析:夫妻在婚姻关系存续期间所得的下列财产,归夫妻共同所有:

工资、奖金;

生产、经营的收益;

知识产权的收益;

继承或赠与所得的财产,但本法第十八条第三项规定的除外;

其他应当归共同所有的财产。

夫妻对共同所有的财产,有平等的处理权。

【知识点】七、个人独资企业法和合伙企业法

(一)个人独资企业法

1999年8月30日第九届全国人大常委会第十一次会议通过《中华人民共和国个人独资企业法》,该法共六章四十八条。

个人独资企业是按照《个人独资企业法》在中国境内设立的,由一个自然人投资,财产为投资个人所有,投资人以其个人财产对企业债务承担无限责任的经营实体。其中与个人理财业务相关的重要法条包括:

(一)投资人为一个自然人;

(二)有合法的企业名称;

(三)有投资人申报的出资;

(四)有固定的生产经营场所和必要的生产经营条件;

(五)有必要的从业人员。

第十八条　个人独资企业投资人在申请企业设立登记时明确以其家庭共有财产作为个人出资的,应当依法以家庭共有财产对企业债务承担无限责任。

第十九条　个人独资企业投资人可以自行管理企业事务,也可以委托或者聘用其他具有民事行为能力的人负责企业的事务管理。

第二十七条　个人独资企业解散,由投资人自行清算或者由债权人申请人民法院指定清算人进行清算。

投资人自行清算的,应当在清算前十五日内书面通知债权人,无法通知的,应当予以公告。债权人应当在接到通知之日起三十日内,未接到通知的应当在公告之日起六十日内,向投资人申报其债权。

第二十八条　个人独资企业解散后,原投资人对个人独资企业存续期间的债务仍应承担偿还责任,但债权人在五年内未向债务人提出偿债请求的,该责任消灭。

第二十九条　个人独资企业解散的,财产应当按照下列顺序清偿:

1.所欠职工工资和社会保险费用;

2.所欠税款;

3.其他债务。

第三十条　清算期间，个人独资企业不得开展与清算目的无关的经营活动。在按前条规定清偿债务前，投资人不得转移、隐匿财产。

第三十一条　个人独资企业财产不足以清偿债务的，投资人应当以其个人的其他财产予以清偿。

(二)合伙企业法

《中华人民共和国合伙企业法》于 1997 年 2 月 23 日第八届全国人民代表大会常务委员会第二十四次会议通过，于 2006 年 8 月 27 日第十届全国人民代表大会常务委员会第二十三次会议修订。其中与个人理财业务相关的重要法条包括：

第二条　本法所称合伙企业，是指自然人、法人和其他组织依照本法在中国境内设立的普通合伙企业和有限合伙企业。

普通合伙企业由普通合伙人组成，合伙人对合伙企业债务承担无限连带责任。本法对普通合伙人承担责任的形式有特别规定的，从其规定。

有限合伙企业由普通合伙人和有限合伙人组成，普通合伙人对合伙企业债务承担无限连带责任，有限合伙人以其认缴的出资额为限对合伙企业债务承担责任。

1.普通合伙企业

第十四条　设立合伙企业，应当具备下列条件：

(一)有二个以上合伙人。合伙人为自然人的，应当具有完全民事行为能力；

(二)有书面合伙协议；

(三)有合伙人认缴或者实际缴付的出资；

(四)有合伙企业的名称和生产经营场所；

(五)法律、行政法规规定的其他条件。

第十六条　合伙人可以用货币、实物、知识产权、土地使用权或者其他财产权利出资，也可以用劳务出资。

合伙人以实物、知识产权、土地使用权或者其他财产权利出资，需要评估作价的，可以由全体合伙人协商确定，也可以由全体合伙人委托法定评估机构评估。

合伙人以劳务出资的，其评估办法由全体合伙人协商确定，并在合伙协议中载明。

第十七条　合伙人应当按照合伙协议约定的出资方式、数额和缴付期限，履行出资义务。

以非货币财产出资的，依照法律、行政法规的规定，需要办理财产权转移手续的，应当依法办理。

第二十二条　除合伙协议另有约定外，合伙人向合伙人以外的人转让其在合伙企业中的全部或者部分财产份额时，须经其他合伙人一致同意。

合伙人之间转让在合伙企业中的全部或者部分财产份额时，应当通知其他合伙人。

第二十三条　合伙人向合伙人以外的人转让其在合伙企业中的财产份额的，在同等条件下，其他合伙人有优先购买权；但是，合伙协议另有约定的除外。

第二十四条　合伙人以外的人依法受让合伙人在合伙企业中的财产份额的，经修改合伙协议即成为合伙企业的合伙人，依照本法和修改后的合伙协议享有权利，履行义务。

第二十五条　合伙人以其在合伙企业中的财产份额出质的，须经其他合伙人一致同意；未经其他合伙人一致同意，其行为无效，由此给善意第三人造成损失的，由行为人依法承担赔偿责任。

第五十条　合伙人死亡或者被依法宣告死亡的，对该合伙人在合伙企业中的财产份额享有合法继承权的继承人，按照合伙协议的约定或者经全体合伙人一致同意，从继承开始之日起，取得该合伙企业的合伙人资格。

有下列情形之一的，合伙企业应当向合伙人的继承人退还被继承合伙人的财产份额：

(一)继承人不愿意成为合伙人；

(二)法律规定或者合伙协议约定合伙人必须具有相关资格，而该继承人未取得该资格；

(三)合伙协议约定不能成为合伙人的其他情形。

合伙人的继承人为无民事行为能力人或者限制民事行为能力人的，经全体合伙人一致同意，可以依法成为有限合伙人，普通合伙企业依法转为有限合伙企业。全体合伙人未能一致同意的，合伙企业应当将被继承合伙人的财产份额退还该继承人。

第五十一条　合伙人退伙，其他合伙人应当与该退伙人按照退伙时的合伙企业财产状况进行结算，退还退伙人的财产份额。退伙人对给合伙企业造成的损失负有赔偿责任的，相应扣减其应当赔偿的数额。

退伙时有未了结的合伙企业事务的，待该事务了结后进行结算。

第五十二条　退伙人在合伙企业中财产份额的退还办法，由合伙协议约定或者由全体合伙人决定，可以退还货币，也可以退还实物。

2.有限合伙企业

第六十一条　有限合伙企业由二个以上五十个以下合伙人设立；但是，法律另有规定的除外。有限合伙企业至少应当有一个普通合伙人。

第七十二条　有限合伙人可以将其在有限合伙企业中的财产份额出质；但是，合伙协议另有约定的除外。

第七十三条　有限合伙人可以按照合伙孙议的约定向合伙人以外的人转让其在有限合伙企业中的财产份额，但应当提前三十日通知其他合伙人。

第七十四条　有限合伙人的自有财产不足清偿其与合伙企业无关的债务的，该合伙人可以以其从有限合伙企业中分取的收益用于清偿；债权人也可以依法请求人民法院强制执行该合伙人在有限合伙企业中的财产份额用于清偿。人民法院强制执行有限合伙人的财产份额时，应当通知全体合伙人。在同等条件下，其他合伙人有优先购买权。

第八十一条　有限合伙人退伙后，对基于其退伙前的原因发生的有限合伙企业债务，以其退伙时从有限合伙企业中取回的财产承担责任。

经典例题

14.根据《合伙企业法》规定合伙人对企业债务负(　　)。

A.有限责任　　B.无限责任

C.无限连带责任　　D.连带责任

【答案】C

15.合伙企业存续期间，合伙人向合伙人以外的人转让其在合伙企业中的财产时，应当符合(　　)。

A.只须通知其他合伙人即可

B.须经其他合伙人一致同意

C.须经全体合伙人二分之一以上同意

D.须经全体合伙人三分之二同意

【答案】B

【知识点】八、商业银行理财产品涉及的重要法律法规

2011年8月28日，银监会以2011年5号令公布了《商业银行理财产品销售管理办法》(以下简称《办法》)，于2012年1月1日起实施。

(一)理财产品宣传管理及相关要求

第十三条 理财产品宣传销售文本应当全面、客观反映理财产品的重要特性和与产品有关的重要事实，语言表述应当真实、准确和清晰。

第十四条 理财产品宣传销售文本只能登载商业银行开发设计的该款理财产品或风险等级和结构相同的同类理财产品过往平均业绩及最好、最差业绩，同时应当遵守下列规定：

引用的统计数据、图表和资料应当真实、准确、全面，并注明来源，不得引用未经核实的数据；

真实、准确、合理地表述理财产品业绩和商业银行管理水平；

在宣传销售文本中应当明确提示，产品过往业绩不代表其未来表现，不构成新发理财产品业绩表现的保证。

如理财产品宣传销售文本中使用模拟数据的，必须注明模拟数据。

第十五条 理财产品宣传销售文本提及第三方专业机构评价结果的，应当列明第三方专业评价机构名称及刊登或发布评价的渠道与日期。

第十六条 理财产品宣传销售文本中出现表达收益率或收益区间字样的，应当在销售文件中提供科学、合理的测算依据和测算方式，以醒目文字提醒客户，“测算收益不等于实际收益，投资需谨慎”。

第十七条 理财产品宣传材料应当在醒目位置提示客户，“理财非存款、产品有风险、投资需谨慎”。

第三十九条 商业银行不得通过电视、电台渠道对具体理财产品进行宣传；通过电话、传真、短信、邮件等方式开展理财产品宣传时，如客户明确表示不同意，商业银行不得再通过此种方式向客户开展理财产品宣传。

(二)理财产品风险匹配原则及相关要求

1.理财产品和客户分类的规定

第二十四条 商业银行应当采用科学、合理的方法对拟销售的理财产品自主进行风险评级，制定风险管控措施，进行分级审核批准。理财产品风险评级结果应当以风险等级体现，由低到高至少包括五个等级，并可根据实际情况进一步细分。

第二十五条 商业银行应当根据风险匹配原则在理财产品风险评级与客户风险承受能力评估之间建立对应关系；应当在理财产品销售文件中明确提示产品适合销售的客户范围，并在销售系统中设置销售限制措施。

第二十七条 商业银行应当对客户风险承受能力进行评估，确定客户风险承受能力评级，由低到高至少包括五级，并可根据实际情况进一步细分。

第三十八条 商业银行应当根据理财产品风险评级、潜在客户群的风险承受能力评级，为理财产品设置适当的单一客户销售起点金额。风险评级为一级和二级的理财产品，单一客户销售起点金额不得低于5万元人民币；风险评级为三级和四级的理财产品，单一客户销售起点金额不得低于10万元人民币；风险评级为五级的理财产品，单一客户销售起点金额不得低于20万元人民币。

2.风险评估的方式和频率

第二十九条　商业银行应当定期或不定期地采用当面或网上银行方式对客户进行风险承受能力持续评估。超过一年未进行风险承受能力评估或发生可能影响自身风险承受能力情况的客户，再次购买理财产品时，应当在商业银行网点或其网上银行完成风险承受能力评估，评估结果应当由客户签名确认；未进行评估，商业银行不得再次向其销售理财产品。

(三)理财产品销售行为规范及相关要求

1.禁止性规定

第三十五条　商业银行不得无条件向客户承诺高于同期存款利率的保证收益率；高于同期存款利率的保证收益，应当是对客户有附加条件的保证收益。

第三十六条　商业银行不得将存款单独作为理财产品销售，不得将理财产品与存款进行强制性搭配销售。

第三十七条　商业银行从事理财产品销售活动，不得有下列情形：

(一)通过销售或购买理财产品方式调节监管指标，进行监管套利；

(二)将理财产品与其他产品进行捆绑销售；

(三)采取抽奖、回扣或者赠送实物等方式销售理财产品；

(四)通过理财产品进行利益输送；

(五)挪用客户认购、申购、赎回资金；

(六)销售人员代替客户签署文件；

(七)中国银监会规定禁止的其他情形。

2.不同销售渠道的行为规范

第二十八条　商业银行应当在客户首次购买理财产品前在本行网点进行风险承受能力评估。风险承受能力评估依据至少应当包括客户年龄、财务状况、投资经验、投资目的、收益预期、风险偏好、流动性要求、风险认识以及风险损失承受程度等。

商业银行对超过65岁(含)的客户进行风险承受能力评估时，应当充分考虑客户年龄、相关投资经验等因素。

商业银行完成客户风险承受能力评估后应当将风险承受能力评估结果告知客户，由客户签名确认后留存。

(四)法律责任

第七十五条　商业银行开展理财产品销售业务有下列情形之一的，由中国银监会或其派出机构责令限期改正，除按照本办法第七十四条规定采取相关监管措施外，还可以并处二十万以上五十万元以下罚款；涉嫌犯罪的，依法移送司法机关：

(1)违规开展理财产品销售造成客户或银行重大经济损失的；

(2)泄露或不当使用客户个人资料和交易记录造成严重后果的；

(3)挪用客户资产的；

(4)利用理财业务从事洗钱、逃税等违法犯罪活动的；

(5)其他严重违反审慎经营规则的。

经典例题

3.【判断】理财产品宣传销售文本可以引用未经核实的数据。( )

A.正确 B.错误

【答案】B

【知识点】九、基金代销业务涉及的法律法规

(一)基金销售人员资格及相关要求

第五十七条 未经基金销售机构聘任,任何人员不得从事基金销售活动,中国证监会另有规定的除外。

宣传推介基金的人员、基金销售信息管理平台系统运营维护人员等从事基金销售业务的人员应当取得基金销售业务资格。

第十条至第十五条 商业银行、证券公司、期货公司、保险机构、证券投资咨询机构负责基金销售业务的部门取得基金从业资格的人员不低于该部门员工人数的1/2,负责基金销售业务的部门管理人员取得基金从业资格,熟悉基金销售业务,并具备从事基金业务2年以上或者在其他金融相关机构5年以上的工作经历;公司主要分支机构基金销售业务负责人均已取得基金从业资格。

国有银行、股份制商业银行、邮政储蓄银行、证券公司以及保险公司等具有基金从业资格的人员不少于30人,城商行、农商行以及期货公司等具有基金从业资格的人员不少于20人,独立销售机构、证券投资咨询机构、保险经纪公司以及保险代理公司等具有基金从业资格的人员不少于10人;此外,各基金销售机构还需满足开展基金销售业务的网点应有一名以上人员具备基金销售业务资质的要求。

(二)基金宣传管理及相关要求

《证券投资基金销售管理办法》对基金宣传推介材料的概念进行界定,是指为推介基金向公众分发或者公布,使公众可以普遍获得的书面、电子或着其他介质的信息,包括:

(一)公开出版资料;

(二)宣传单、手册、信函、传真、非指定信息披露媒体上刊发的与基金销售相关的公告等面向公众的宣传资料;

(三)海报、户外广告;

(四)电视、电影、广播、互联网资料、公共网站链接广告、短信及其他音像、通讯资料;

(五)中国证监会规定的其他材料。

理财师在进行基金销售宣传时,需遵守以下规定:

1.禁止性规定

第三十五条 基金宣传推介材料必须真实、准确,与基金合同、基金招募说明书相符,不得有下列情形:

(1)虚假记载、误导性陈述或者重大遗漏;

(2)预测基金的证券投资业绩;

(3)违规承诺收益或者承担损失;

(4)诋毁其他基金管理人、基金托管人或者基金销售机构,或者其他基金管理人募集或者管理的基金;

(5)夸大或者片面宣传基金,违规使用安全、保证、承诺、保险、避险、有保障、高收益、无风险等可能使投资人认为没有风险的或者片面强调集中营销时间限制的表述;

(6)登载单位或者个人的推荐性文字;

(7)中国证监会规定的其他情形。

2.登载基金业绩及风险提示的规定

第三十七条 基金宣传推介材料登载该基金、基金管理人管理的其他基金的过往业绩,应当遵守下列规定:

(1)按照有关法律法规的规定或者行业公认的准则计算基金的业绩表现数据;

(2)引用的统计数据和资料应当真实、准确,并注明出处,不得引用未经核实、尚未发生或者模拟的数据;

(3)真实、准确、合理地表述基金业绩和基金管理人的管理水平。

基金业绩表现数据应当经基金托管人复核或者摘取自基金定期报告。

第三十八条 基金宣传推介材料登载基金过往业绩的,应当特别声明,基金的过往业绩并不预示其未来表现,基金管理人管理的其他基金的业绩并不构成基金业绩表现的保证。

第三十九条 基金宣传推介材料对不同基金的业绩进行比较的,应当使用可比的数据来源、统计方法和比较期间,并且有关数据来源、统计方法应当公平、准确,具有关联性。

第四十条 基金宣传推介材料附有统计图表的,应当清晰、准确。

第四十一条 基金宣传推介材料提及基金评价机构评价结果的,应当符合中国证监会关于基金评价结果引用的相关规范,并应当列明基金评价机构的名称及评价日期。

第四十五条 基金宣传推介材料应当含有明确、醒目的风险提示和警示性文字,以提醒投资人注意投资风险,仔细阅读基金合同和基金招募说明书,了解基金的具体情况。

电视、电影、互联网资料、公共网站链接形式的宣传推介材料应当包括为时至少5秒钟的影像显示,提示投资人注意风险并参考该基金的销售文件。电台广播应当以旁白形式表达上述内容。

3.特定基金的宣传材料规定

第四十三条 基金宣传推介材料中推介货币市场基金的,应当提示基金投资人,购买货币市场基金并不等于将资金作为存款存放在银行或者存款类金融机构,基金管理人不保证基金一定盈利,也不保证最低收益。

第四十四条 基金宣传材料中推介保本基金的,应当充分揭示保本基金的风险,说明投资者投资于保本基金并不等于将资金作为存款存放在银行或者存款类金融机构,并说明保本基金在极端情况下仍然存在本金损失的风险。

保本基金在保本期间开放申购的,应当在相关业务公告以及宣传推介材料中说明开放申购期间,投资者的申购金额是否保本。

(三)基金销售行为规范及相关要求

1.基金销售流程规范

第五十九条 基金销售机构在销售基金和相关产品的过程中,应当坚持投资人利益优先原则,注重根据投资人的风险承受能为销售不同风险等级的产品,把合适的产品销售给合适的基金投资人。

第六十一条 基金销售机构所使用的基金产品风险评价方法及其说明应当向基金投资人公开。

第六十三条 基金销售机构应当加强投资者教育,引导投资者充分认识基金产品的风险特征,保障投资者合法权益。

第六十四条 基金销售机构办理基金销售业务时应当根据反洗钱法规相关要求识别客户身份,核对客户的有效身份证件，登记客户身份基本信息，确保基金账户持有人名称与身份证明文件中记载的名称一致，并留存有效身份证件的复印件或者影印件。

第六十五条　基金销售机构应当建立健全档案管理制度，妥善保管基金份额持有人的开户资料和与销售业务有关的其他资料。客户身份资料自业务关系结束当年计起至少保存15年，与销售业务有关的其他资料自业务发生当年计起至少保存15年。

第七十九条　基金销售机构及基金销售相关机构应当依法为投资人保守秘密。

2.办理基金份额的时间规定

第七十四条　开放式基金合同生效后，基金销售机构应当按照法律、行政法规、中国证监会的规定和基金合同、销售协议的约定，办理基金份额的申购、赎回，不得擅自停止办理基金份额的发售或者拒绝接受投资人的申购、赎回申请。

基金管理人暂停或者开放申购、赎回等业务的，应当在公告中说明具体原因和依据。

第七十五条　基金销售机构不得在基金合同约定之外的日期或者时间办理基金份额的申购、赎回或者转换。

投资人在基金合同约定之外的日期和时间提出申购、赎回或者转换申请的，作为下一个交易日交易处理，其基金份额申购、赎回价格为下次办理基金份额申购、赎回对间所在开放日的价格。

3.禁止性规定

第七十八条　基金销售机构应当按照基金合同、招募说明书和基金销售服务协议的约定向投资人收取销售费用，并如实核算、记账；未经基金合同、招募说明书、基金销售服务协议约定，不得向投资人收取额外费用；未经招募说明书载明并公告，不得对不同投资人适用不同费率。

第八十二条　基金销售机构从事基金销售活动，不得有下列情形：

(1)以排挤竞争对手为目的，压低基金的收费水平；

(2)采取抽奖、回扣或者送实物、保险、基金份额等方式销售基金；

(3)以低于成本的销售费用销售基金；

(4)承诺利用基金资产进行利益输送；

(5)进行预约认购或者预约申购(基金定期定额投资业务除外)，未按规定公告擅自变更基金的发售日期；

(6)挪用基金销售结算资金；

(7)本办法第三十五条规定的情形；

(8)中国证监会规定禁止的其他情形。

(四)法律责任

第八十九条　基金销售机构从事基金销售活动，存在下列情形之一的，将依据《证券投资基金法》对相关机构和人员进行处罚。

(1)未经中国证监会注册或认定，擅自从事基金销售业务的；

(2)未向投资人充分揭示投资风险并误导其购买与其风险承担能力不相当的基金产品；

(3)挪用基金销售结算资金或者基金份额的；

(4)未建立应急等风险管理制度和灾难备份系统，或者泄露与基金份额持有人、基金投资运作相关的非公开信息的。

第九十条　基金销售机构从事基金销售活动，有下列情形之一的，责令改正，单处或者并处警告、三万元以下罚款；对直接负责的主管人员和其他直接责任人员，单处或者并处警告、三万元以下罚款：

(1)基金销售机构与未取得基金销售业务资格或经中国证监会资质认定的机构或者个人合作，开办基金销售业务的；

(2)未按照本办法第二十九条的规定开立与基金销售有关的账户；

(3)未按照本办法第三十四条的规定使用基金宣传推介材料；

(4)违反本办法第五十七条的规定，允许未经聘任的人员销售基金或者未经中国证监会认可的人员宣传推介基金；

(5)未按照本办法第六十六条的规定签订书面销售协议；

(6)违反本办法第六十八条的规定，擅自向公众分发、公布基金宣传推介材料；

(7)违反本办法第七十四条的规定，擅自停止办理基金份额发售或者拒绝投资人的申购、赎回；

(8)违反本办法第七十五条的规定，确定基金份额申购、赎回价格；

(9)未按照本办法第七十八条的规定收取销售费用并核算、记账；

(10)从事本办法第八十二条规定禁止的行为；

(11)未按照本办法第八十五条的规定进行自查，并编制监察稽核报告；

(12)未按照本办法第八十六条的规定履行信息报送义务或者配合中国证监会及其派出机构进行监督检查。

经典例题

16.根据《证券投资基金法》，当下列各文件所述内容存在冲突时，应当以(　　)为准。

A.基金合同　　B.基金募集方案

C.基金发行计划　　D.招募说明书

【答案】A

17.证券投资基金财产可以用于(　　)。

A.向他人贷款或者提供担保　　B.承销证券

C.从事承担无限责任的投资　　D.投资上市交易的债券

【答案】D

【知识点】十、保险代理业务涉及的相关法律法规

(一)保险兼业代理人及相关规定

1.保险兼业代理人的概念

保险兼业代理人是指受保险人委托，在从事自身业务的同时，为保险人代办保险业务的单位。保险兼业代理人从事保险代理业务应遵守国家的有关法律法规和行政规章，遵循自愿和诚实信用原则。保险兼业代理人在保险人授权范围内代理保险业务的行为所产生的法律责任，由保险人承担。

2.保险兼业代理关系管理及业务范围

保险公司只能与已取得《保险兼业代理许可证》的单位建立保险兼业代理关系，委托其开展保险代理业务。

保险兼业代理人代理业务范围以《保险兼业代理许可甑》核定的代理险种为限。

商业银行的每个网点在同一会计年度内不得与超过 3 家保险公司(以单独法人机构为计算单位)开展保险业务合作。

(二)保险销售行为规范及相关要求

理财师在进行保险业务销售时,需遵守"销售前需要了解你的客户"、"销售中要透明公开、有依有据"、"销售后要建立归档制度、积极处理客户投诉"的原则。

1.销售前需要了解你的客户

(1)投保人存在以下情况的,向其销售的保险产品原则上应为保单利益确定的保险产品,且保险合同不得通过系统自动核保现场出单,应将保单材料转至保险公司,经核保人员核保后,由保险公司出单:

一是投保人填写的年收入低于当地省级统计部门公布的最近一年度城镇居民人均可支配收入或农村居民人均纯收入;

二是投保人年龄超过65周岁或期交产品投保人年龄超过60周岁。

保险公司核保时应对投保产品的适合性、投保信息、签名等情况进行复核,发现产品不适合、信息不真实、客户无继续投保意愿等问题的不得承保。

(2)销售保单利益不确定的保险产品,包括分红型、万能型、投资连结型、变额型等人身保险产品和财产保险公司非预定收益型投资保险产品等,存在以下情况的,应在取得投保人签名确认的投保声明后方可承保:

一是趸交保费超过投保人家庭年收入的4倍;

二是年期交保费超过投保人家庭年收入的20%,或月期交保费超过投保人家庭月收入的20%;

三是保费交费年限与投保人年龄数字之和达到或超过60;

四是保费额度大于或等于投保人保费预算的150%。

2.销售中要透明公开、有依有据

商业银行应向投保人提供完整合同材料,包括投保提示书、投保单、保险单、保险条款、产品说明书、现金价值表等。对合同材料不得进行删减或截取内容。

3.销售后要建立归档制度、积极处理客户投诉

商业银行及其销售人员不得截留客户投保信息,应将完整、真实的客户投保信息提供给保险公司。保险公司应将客户退保、满期给付等信息完整、真实地提供给商业银行。

(三)禁止性规定

保险兼业代理人从事保险代理业务,不得有下列行为:

1.擅自变更保险条款,提高或降低保险费率;

2.利用行政权力、职务或职业便利强迫、引诱投保人购买指定的保单;

3.使用不正当手段强迫、引诱或者限制投保人、被保险人投保或转换保险人;

4.串通投保人、被保险人或受益人欺骗保险人;

5.对其他保险机构、保险代理机构作出不正确的或误导性的宣传;

6.代理再保险业务;

7.挪用或侵占保险费;

8.兼做保险经纪业务;

9.中国保监会认定的其他损害保险人、投保人和被保险人利益的行为。

经典例题

18.按照《保险法》的规定，下列说法中，不正确的是(　　)。

A.《保险法》不仅调整保险组织，还调整保险行为

B.保险经纪人只能由个人担任

C.保险代理人可以是单位

D.同一保险代理人在代为办理人寿保险业务时，不得同时接受两个以上保险人的委托

【答案】B

19.下列选项中，符合《保险法》相关规定的是(　　)。

A.保险代理人为保险人代为办理保险业务，有超越代理权限行为，投保人有理由相信其有代理权，并已订立保险合同的，保险人不承担保险责任，由保险代理人负责承担责任

B.保险人委托保险代理人代为办理保险业务的，应当与保险代理人签订委托代理协议，依法约定双方的权利和义务及其他代理事项

C.保险代理人根据保险人的授权代为办理保险业务的行为，由保险人承担责任

D.因保险经纪人在办理保险业务中的过错，给投保人、被保险人造成损失的，由保险经纪人承担赔偿责任

E.因保险经纪人在办理保险业务中的过错，给投保人、被保险人造成损失的，由保险经纪人承担赔偿责任，保险人承担连带赔偿责任

【答案】BCD

【知识点】十一、银信理财业务涉及的法律法规

(一)银信理财业务的规范性规定

第九条　银行开展银信理财合作，应当有清晰的战略规划，制定符合本行实际的合作战略并经董事会或理事会通过，同时遵守以下规定：

(1)严格遵守《商业银行个人理财业务管理暂行办法》等监管规定；

(2)充分揭示理财计划风险，并对客户进行风险承受度测试；

(3)理财计划推介中，应明示理财资金运用方式和信托财产管理方式；

(4)未经严格测算并提供测算依据和测算方式，理财计划推介中不得使用“预期收益率”、“最高收益率”或意思相近的表述；

(5)书面告知客户信托公司的基本情况，并在理财协议中载明其名称、住所等信息；

(6)银行理财计划的产品风险和信托投资风险相适应；

(7)每一只理财计划至少配备一名理财经理，负责该理财计划的管理、协调工作，并于理财计划结束时制作运行效果评价书；

(8)依据监管规定编制相关理财报告并向客户披露。

第十六条　信托公司委托银行代为推介信托计划的，信托公司应当向银行提供完整的信托文件，并对银行推介人员开展推介培训；银行应向合格投资者推介，推介内容不应超出信托文件的约定，不得夸大宣传，并充分揭示信托计划的风险，提示信托投资风险自担原则。银行接受信托公司委托代为推介信托计划，不承担信托计划的投资风险。

(二)风险管理控制

第二十四条 银行应当根据客户的风险偏好、风险认知能力和承受能力,为客户提供与其风险承受力相适应的理财服务。

第二十五条 银信合作过程中,银行、信托公司应当注意银行理财计划与信托产品在时点、期限、金额等方面的匹配。

第二十六条 银行不得为银信理财合作涉及的信托产品及该信托产品项下财产运用对象等提供任何形式担保。

经典例题

6.【单选】银行接受信托公司委托代为推介信托计划,(　　)信托计划的投资风险。

A.不承担　　B.承担

C.部分承担　　D.完全承担

【答案】A

【知识点】十二、黄金期货交易业务涉及的法律法规

(一)从业资格规定

第二条第九点商业银行从事境内黄金期货交易业务,通过我国期货行业认可的从业资格考试合格人员不少于4人,其中交易人员至少2人、风险管理人员至少2人,以上人员相互不得兼任,且无不良从业记录。

(二)禁止性规定

第六条 商业银行从事黄金期货经纪业务应取得相应资格,不得利用自有的黄金期货交易资格代理客户从事黄金期货经纪业务。

第七条 商业银行从事境内黄金期货交易,应建立必要的业务隔离制度,不得利用其黄金期货指定结算银行及指定交割金库的信息优势,为其黄金期货交易谋取不当利益。

经典例题

3.【多选】商业银行从事黄金期货经纪业务(　　)。

A.应取得相应资格

B.应建立必要的业务隔离制度

C.不得利用自有的黄金期货交易资格代理客户从事黄金期货经纪业务

D.不得利用其黄金期货指定结算银行及指定交割金库的信息优势,为其黄金期货交易谋取不当利益

E.通过我国期货行业认可的从业资格考试合格人员不少于2人

【答案】ABCD

【知识点】十三、个人外汇管理涉及的法律法规

(一)《个人外汇管理办法》介绍

1.个人外汇业务的分类和管理

第二条 个人外汇业务按照交易主体区分境内与境外个人外汇业务,按照交易性质区分经常项目和资本项目个人外汇业务。按上述分类对个人外汇业务进行管理。

第三条 经常项目项下的个人外汇业务按照可兑换原则管理,资本项目项下的个人外汇业务按照可兑换进程管理。

第六条 银行应通过外汇局指定的管理信息系统办理个人购汇和结汇业务,真实、准确录入相关信息,并将办理个人业务的相关材料至少保存 5 年备查。

2.经常项目个人外汇管理

第十条 从事货物进出口的个人对外贸易经营者,在商务部门办理对外贸易经营权登记备案后,其贸易外汇资金的收支按照机构的外汇收支进行管理。

第十一条 个人进行工商登记或者办理其他执业手续后,可以凭有关单证办理委托具有对外贸易经营权的企业代理进出口项下及旅游购物、边境小额贸易等项下外汇资金收付、划转及结汇。

第十二条 境内个人外汇汇出境外用于经常项目支出,单笔或当日累计汇出在规定金额以下的,凭本人有效身份证件在银行办理;单笔或当日累计汇出在规定金额以上的,凭本人有效身份证件和有交易额的相关证明等材料在银行办理。

第十三条 境外个人在境内取得的经常项目项下合法人民币收入,可以凭本人有效身份证件及相关证明材料在银行办理购汇及汇出。

第十四条 境外个人未使用的境外汇入外汇,可以凭本人有效身份证件在银行办理原路汇回。

第十五条 境外个人将原兑换未使用完的人民币兑回外币现钞时,小额兑换凭本人有效身份证件在银行或外币兑换机构办理;超过规定金额的,可以凭原兑换水单在银行办理。

3.资本项目个人外汇管理

第十六条 境内个人对外直接投资符合有关规定的,经外汇局核准可以购汇或以自有外汇汇出,并应当办理境外投资外汇登记。

第十七条 境内个人购买 B 股,进行境外权益类、固定收益类以及国家批准的其他金融投资,应当按相关规定通过具有相应业务资格的境内金融机构办理。

第十八条 境内个人向境内保险经营机构支付外汇人寿保险项下保险费,可以购汇或以自有外汇支付。

第十九条 境内个人在境外获得的合法资本项目收入经外汇局核准后可以结汇。

第二十条 境内个人对外捐赠和财产转移需购付汇的,应当符合有关规定并经外汇局核准。

第二十一条 境内个人向境外提供贷款、借用外债、提供对外担保和直接参与境外商品期货和金融衍生产品交易,应当符合有关规定并到外汇局办理相应登记手续。

第二十二条 境外个人购买境内商品房,应当符合自用原则,其外汇资金的收支和汇兑应当符合相关外汇管理规定。境外个人出售境内商品房所得人民币,经外汇局核准可以购汇汇出。

第二十三条 除国家另有规定外,境外个人不得购买境内权益类和固定收益类等金融产品。境外个人购买 B 股,应当按照国家有关规定办理。

第二十四条 境外个人在境内的外汇存款应纳入存款金融机构短期外债余额管理。

第二十五条 境外个人对境内机构提供贷款或担保,应当符合外债管理的有关规定。

第二十六条 境外个人在境内的合法财产对外转移,应当按照个人财产对外转移的有关外汇管理规定办理。

4.个人外汇账户及外币现钞管理

第二十七条 个人外汇账户按主体类别区分为境内个人外汇账户和境外个人外汇账户;按账户性质区分为外汇结算账户、资本项目账户及外汇储蓄账户。

第二十八条 银行按照个人开户时提供的身份证件等证明材料确定账户主体类别,所开立的外汇账户应使用与本人有效身份证件记载一致的姓名。境内个人和境外个人外汇账户境内划转按跨境交易进行管理。

第二十九条 个人进行工商登记或者办理其他执业手续后可以开立外汇结算账户。

第三十条 境内个人从事外汇买卖等交易,应当通过依法取得相应业务资格的境内金融机构办理。

第三十一条 境外个人在境内直接投资,经外汇局核准,可以开立外国投资者专用外汇账户。账户内资金经外汇局核准可以结汇。直接投资项目获得国家主管部门批准后,境外个人可以将外国投资者专用外汇账户内的外汇资金划入外商投资企业资本金账户。

第三十二条 个人可以凭本人有效身份证件在银行开立外汇储蓄账户。外汇储蓄账户的收支范围为非经营性外汇收付、本人或与其直系亲属之间同一主体类别的外汇储蓄账户间的资金划转。境内个人和境外个人开立的外汇储蓄联名账户按境内个人外汇储蓄账户进行管理。

第三十三条 个人携带外币现钞出入境,应当遵守国家有关管理规定。

第三十四条 个人购汇提钞或从外汇储蓄账户中提钞,单笔或当日累计在有关规定允许携带外币现钞出境金额之下的,可以在银行直接办理;单笔或当日累计提钞超过上述金额的,凭本人有效身份证件、提钞用途证明等材料向当地外汇局事前报备。

第三十五条 个人外币现钞存入外汇储蓄账户,单笔或当日累计在有关规定允许携带外币现钞入境免申报金额之下的,可以在银行直接办理;单笔或当日累计存钞超过上述金额的,凭本人有效身份证件、携带外币现钞入境申报单或本人原存款金融机构外币现钞提取单据在银行办理。

(二)《个人外汇管理办法实施细则》介绍

1.结汇和境内个人购汇实行年度总额管理

第二条 对个人结汇和境内个人购汇实行年度总额管理。年度总额分别为每人每年等值5万美元。国家外汇管理局可根据国际收支状况,对年度总额进行调整。

第三条 个人所购外汇,可以汇出境外、存入本人外汇储蓄账户,或按照有关规定携带出境。

第四条 个人年度总额内购汇、结汇,可以委托其直系亲属代为办理;超过年度总额的购汇、结汇以及境外个人购汇,可以按本细则规定,凭相关证明材料委托他人办理。

2.经常项目个人外汇管理

第八条 个人经常项目项下外汇收支分为经营性外汇收支和非经营性外汇收支。

第十条 境内个人经常项目项下非经营性结汇超过年度总额的,凭本人有效身份证件及以下证明材料在银行办理:

(1)捐赠:经公证的捐赠协议或合同。捐赠须符合国家规定;

(2)赡家款:直系亲属关系证明或经公证的赡养关系证明、境外给付人相关收入证明,如银行存款证明、个人收入纳税凭证等;

(3)遗产继承收入:遗产继承法律文书或公证书;

(4)保险外汇收入:保险合同及保险经营机构的付款证明。投保外汇保险须符合国家规定;

(5)专有权利使用和特许收入:付款证明、协议或合同;

(6)法律、会计、咨询和公共关系服务收入:付款证明、协议或合同;

(7)职工报酬:雇佣合同及收入证明;

(8)境外投资收益:境外投资外汇登记证明文件、利润分配决议或红利支付书或其他收益证明;

(9)其他:相关证明及支付凭证。

第十一条 境外个人经常项目项下非经营性结汇超过年度总额的,凭本人有效身份证件及以下证明材料在银行办理:

(1)房租类支出:房屋管理部门登记的房屋租赁合同、发票或支付通知;

(2)生活消费类支出:合同或发票;

(3)就医、学习等支出:境内医院(学校)收费证明;

(4)其他:相关证明及支付凭证。

上述结汇单笔等值 5万美元以上的,应将结汇所得人民币资金直接划转至交易对方的境内人民币账户。

第十二条 境内个人经常项目项下非经营性购汇超过年度总额的,凭本人有效身份证件和有交易额的相关证明材料在银行办理。

第十三条 境外个人经常项目合法人民币收入购汇及未用完的人民币兑回,按以下规定办理:

(1)在境内取得的经常项目合法人民币收入,凭本人有效身份证件和有交易额的相关证明材料(含税务凭证)办理购汇。

(2)原兑换未用完的人民币兑回外汇,凭本人有效身份证件和原兑换水单办理,原兑换水单的兑回有效期为自兑换日起 24个月;对于当日累计兑换不超过等值 500美元(含)以及离境前在境内关外场所当日累计不超过等值 1000美元(含)的兑换,可凭本人有效身份证件办理。

第十四条 境内个人外汇汇出境外用于经常项目支出,按以下规定办理:

外汇储蓄账户内外汇汇出境外当日累计等值 5万美元以下(含)的,凭本人有效身份证件在银行办理;超过上述金额的,凭经常项目项下有交易额的真实性凭证办理。

手持外币现钞汇出当日累计等值 1万美元以下(含)的,凭本人有效身份证件在银行办理;超过上述金额的,凭经常项目项下有交易额的真实性凭证、经海关签章的《中华人民共和国海关进境旅客行李物品申报单》或本人原存款银行外币现钞提取单据办理。

第十五条 境外个人经常项目外汇汇出境外,按以下规定在银行办理:

(1)外汇储蓄账户内外汇汇出,凭本人有效身份证件办理;

(2)手持外币现钞汇出,当日累计等值1万美元以下(含)的,凭本人有效身份证件办理;超过上述金额的,还应提供经海关签章的《中华人民共和国海关进境旅客行李物品申报单》或本人原存款银行外币现钞提取单据办理。

3.资本项目个人外汇管理

第十六条 境内个人对外直接投资应按国家有关规定办理。所需外汇经所在地外汇局核准后可以购汇或以自有外汇汇出,并办理相应的境外投资外汇登记手续。

第十七条 境内个人可以使用外汇或人民币,并通过银行、基金管理公司等合格境内机构投资者进行境外固定收益类、权益类等金融投资。

第十八条 境内个人参与境外上市公司员工持股计划、认股期权计划等所涉外汇业务,应通过所属公司或境内代理机构统一向外汇局申请获准后办理。

第十九条 境内个人向境内经批准经营外汇保险业务的保险经营机构支付外汇保费,应持保险合同、保险经营机构付款通知书办理购付汇手续。

第二十条　移居境外的境内个人将其取得合法移民身份前境内财产对外转移以及外国公民依法继承境内遗产的对外转移，按《个人财产对外转移售付汇管理暂行办法》等有关规定办理。

第二十一条　境外个人在境内买卖商品房及通过股权转让等并购境内房地产企业所涉外汇管理，按《国家外汇管理局建设部关于规范房地产市场外汇管理有关问题的通知》等有关规定办理。

第二十二条　境外个人可按相关规定投资境内B股；投资其他境内发行和流通的各类金融产品，应通过合格境外机构投资者办理。

第二十三条　根据人民币资本项目可兑换的进程，逐步放开对境内个人向境外提供贷款、借用外债、提供对外担保以及直接参与境外商品期货和金融衍生产品交易的管理，具体办法另行制定。

4.个人外汇账户及外币现钞管理

第二十四条　外汇局按账户主体类别和交易性质对个人外汇账户进行管理。银行为个人开立外汇账户，应区分境内个人和境外个人。账户按交易性质分为外汇结算账户、外汇储蓄账户、资本项目账户。

第二十五条　外汇结算账户是指个人对外贸易经营者、个体工商户按照规定开立的用以办理经常项目项下经营性外汇收支的账户。其开立、使用和关闭按机构账户进行管理。

第二十六条　个人在银行开立外汇储蓄账户应当出具本人有效身份证件，所开立账户户名应与本人有效身份证件记载的姓名一致。

第二十七条　个人开立外国投资者投资专用账户、特殊目的公司专用账户及投资并购专用账户等资本项目外汇账户及账户内资金的境内划转、汇出境外应经外汇局核准。

第二十八条　个人外汇储蓄账户资金境内划转，按以下规定办理：

(1)本人账户间的资金划转，凭有效身份证件办理；

(2)个人与其直系亲属账户间的资金划转，凭双方有效身份证件、直系亲属关系证明办理；

(3)境内个人和境外个人账户间的资金划转按跨境交易进行管理。

第二十九条　本人外汇结算账户与外汇储蓄账户间资金可以划转，但外汇储蓄账户向外汇结算账户的划款限于划款当日的对外支付，不得划转后结汇。

第三十条　个人提取外币现钞当日累计等值1万美元以下(含)的，可以在银行直接办理；超过上述金额的，凭本人有效身份证件、提钞用途证明等材料向银行所在地外汇局事前报备。银行凭本人有效身份证件和经外汇局签章的《提取外币现钞备案表》为个人办理提取外币现钞手续。

第三十一条　个人向外汇储蓄账户存入外币现钞，当日累计等值5000美元以下(含)的，可以在银行直接办理；超过上述金额的，凭本人有效身份证件、经海关签章的《中华人民共和国海关进境旅客行李物品申报单》或本人原存款银行外币现钞提取单据在银行办理。银行应在相关单据上标注存款银行名称、存款金额及存款日期。

经典例题

20.个人外汇账户及外汇现钞管理中，应经国家外汇管理局核准的有(　　)。

A.开立外国投资者投资专用账户

B.开立特殊目的公司专用账户

C.开立投资并购专用账户

D.开立个人外汇储蓄账户

E.开立个人外汇结算账户

【答案】ABC

21.根据《个人外汇管理办法》的有关规定，下列选项中，符合规定的有(　)。

A.境内个人外汇汇出境外用于经常项目支出，单笔累计汇出在规定金额以下的，凭本人有效身份证件在银行办理

B.境外个人在境内取得的经常项目项下合法人民币收入，可以凭________本人有效身份证件及相关证明材料在银行办理购汇及汇出

C.境外个人未使用的境外汇入外汇，可以凭本人有效身份证件在银行办理原路汇回

D.境外个人将原兑换未使用完的人民币兑回外币现钞时，小额兑换凭本人有效身份证件在银行或外币兑换机构办理

E.境内个人对外捐赠和财产转移需购付汇的，应当符合有关规定并经外汇局核准

【答案】ABCDE

22.下列选项中，符合《个人外汇管理办法实施细则》的有关规定的是(　)。

A.境内个人可以使用外汇或人民币，并通过银行、基金管理公司等合格境内机构投资者进行境外固定收益类、权益类等金融投资

B.境内个人参与境外上市公司员工持股计划、认股期权计划等所涉外汇业务，应通过所属公司或境内代理机构统一向外汇局申请获准后办理

C.境内个人作为保险受益人所获外汇保险项下赔偿或给付的保险金，可以存入本人外汇储蓄账户，也可以结汇

D.个人在银行开立外汇储蓄账户应当出具本人有效身份证件，所开立账户户名应与本人有效身份证件记载的姓名一致

E.个人与其直系亲属账户间的资金划转，凭双方有效身份证件办理

【答案】ABCD

23.从事代客境外理财业务的商业银行不应当(　)。

A.在投资者开设账户时为其捆绑理财产品

B.定期披露投资状况

C.履行结售汇统计报告义务

D.详细告知投资者投资计划

【答案】A

24.根据《商业银行开办代客境外理财业务管理暂行办法》中的规定，境外理财资金汇回后，(　)。

A.商业银行一律以外汇支付给投资者

B.投资者以外汇投资的，商业银行结汇后支付给投资者

C.投资者以外汇投资的，商业银行将外汇直接划入投资者任一账户

D.商业银行应将投资本金和收益支付给投资者

【答案】D

第三章 理财投资市场概述

【考点图示】

- 掌握金融市场的概述
  - 1.概念
  - 2.特点
  - 3.构成要素
  - 4.功能
  - 5.分类
- 掌握货币市场及其在个人理财中的运用
  - 1.特征
  - 2.子市场
- 掌握债券市场及其在个人理财中的运用
  - 1.特征
  - 2.收入来源
  - 3.分类
  - 4.功能
  - 5.发行
  - 6.交易
- 掌握股票市场及其在个人理财中的运用
  - 1.价格指数
  - 2.市场功能
- 掌握金融衍生品市场及其在个人理财中的运用
  - 1.金属衍生工具的种类、特点
  - 2.金属衍生品市场功能、分类
- 掌握外汇市场及其在个人理财中的运用
  - 1.外汇的概念、特点
  - 2.外汇市场的特点、功能、分类
- 掌握保险市场及其在个人理财中的运用
  - 1.保险的概念、相关要素
  - 2.保险产品的功能
  - 3.保险相关原则
  - 4.保险市场的主要产品
- 熟悉另类投资品市场在个人理财中的运用
  - 1.贵金属市场组成及在投资中的作用
  - 2.房地产的概念及特性、投资方式、投资的特点
  - 3.房地产价格的构成及影响因素
  - 4.收藏品市场的组成和价格影响因素

【知识点】一、金融市场的概念

金融市场是指以金融资产为交易对象而形成的供求关系及其交易机制的总和。它包括如下三层含义：

1.它是金融资产进行交易的有形和无形的"场所"；

2.它反映了金融资产供应者和需求者之间的供求关系；

3.它包含了金融资产的交易机制，其中最重要的是价格（包括利率、汇率及各种证券的价格）机制，以及交易后的清算和结算机制。

在金融市场上，实现资金融通一般有两种方式：直接融资和间接融资。

直接融资是资金需求者通过发行股票、债券、票据等直接融资工具，向社会资金盈余方筹集资金，实现资金从盈余方向短缺方流动；

与此对应，间接融资市场上，资金的盈缺转移是通过银行等金融中介实现的。如储户通过储蓄存款方式向银行提供资金，银行通过贷款方式向资金短缺的企业提供贷款，实现资金的转移。

经典例题

1.【判断】金融市场是指以金融资产为交易对象而形成的供求关系及其交易机制的总和。（　）

A.正确　　B.错误

【答案】A

【知识点】二、金融市场的特点

金融市场类型众多，不同的金融市场往往具有不同的特点，但总体来说金融市场主要具有以下几个特点：

1市场商品的特殊性。金融市场交易的对象是货币、资金、信用以及其他金融工具。

2市场交易价格的一致性。市场有效性的内生性将驱动市场价格趋于一致，同种商品在不同市场将遵循一价原则。

3市场交易活动的集中性。在金融市场上，金融工具的交易是通过一些专业机构组织实现的，通常有固定的交易场所和无形的交易平台。

4交易主体角色可变性。一般来说，企业通常是资金的短缺方，往往是资金的需求者；家庭或个人通常是资金的盈余方，往往是资金的供应者。

经典例题

1.【单选】以下关于金融市场特点的叙述，错误的是（　）

A.市场交易活动的分散性

B.市场商品的特殊性

C.交易主体角色的可变性

D.市场交易价格的一致性

【答案】A

2.【2010年真题，判断】金融市场上有固定的货币资金供应者和需求者，并且角色不会发生变化。( )

【答案】B

3.【2009年10月，判断】金融市场最主要的交易机制是价格机制。( )

【答案】A

【知识点】三、金融市场的构成要素

金融市场的构成要素主要包括主体、客体、中介和监管机构。

1.金融市场的主体

(1)企业。企业是金融市场运行的基础，是重要的资金供给者和需求者。企业通常通过商业票据、企业债券、资产证券化等形式融资。此外，企业也是重要的资金供给者，通过存款、回购以及基金等将资金注入金融市场。

(2)政府及政府机构。政府参与金融市场，主要是通过发行各种债券筹集资金。

(3)中央银行。中央银行参与金融市场的主要目的是实现货币政策目标，调节经济，稳定物价等。中央银行通常通过公开市场操作来平衡市场的资金情况，也通过调节利率的方式影响市场的利率水平。

(4)各类金融机构。金融机构包括商业银行和其他金融机构。金融机构是资金融通活动的重要中介机构，是资金需求者和供给者之间的纽带。

(5)居民个人(家庭)。在各国的金融市场上，居民往往是最大的资金供给者。

2.金融市场客体

是指金融市场的交易对象，也就是通常所说的金融工具。包括同业拆借、票据、债券、股票、外汇和金融衍生品等。

3.金融市场中介

金融市场的中介大体分为两类：交易中介和服务中介。

(1)交易中介：交易中介通过市场为买卖双方成交撮合，并从中收取佣金，包括银行、有价证券承销人、证券交易经纪人、证券交易所和证券结算公司等。

(2)服务中介：这类机构本身不是金融机构，但却是金融市场上不可或缺的，如会计师事务所、律师事务所、投资顾问咨询公司和证券评级机构等。

4.监管机构

目前我国金融市场为分业监管，采用“一行三会”模式对不同领域进行分工监管，其中“一行”是指中国人民银行，其主要职责包括(共14项)：

(1)起草有关法律和行政法规；完善有关金融机构运行规则；发布与履行职责有关的命令和规章；

(2)依法制定和执行货币政策；

(3)监督管理银行间同业拆借市场和银行间债券市场、外汇市场、黄金市场；

(4)防范和化解系统性金融风险，维护国家金融稳定；

(5)确定人民币汇率政策；维护合理的人民币汇率水平；实施外汇管理；持有、管理和经营国家外汇储备和黄金储备；

(6)发行人民币，管理人民币流通；

(7)经理国库；
(8)会同有关部门制定支付结算规则，维护支付、清算系统的正常运行；
(9)制定和组织实施金融业综合统计制度，负责数据汇总和宏观经济分析与预测；
(10)组织协调国家反洗钱工作，指导、部署金融业反洗钱工作，承担反洗钱的资金监测职责；
(11)管理信贷征信业，推动建立社会信用体系；
(12)作为国家的中央银行，从事有关国际金融活动；
(13)按照有关规定从事金融业务活动；
(14)承办国务院交办的其他事项。

"三会"分别是指银监会、证监会和保监会。

其中银监会的职责包括(共 17 项)。

证监会的主要职责包括(共 13 项)。

保监会的主要职责包括(共 11 项)。

经典例题

4.【单选】金融中介可以分为交易中介和服务中介，下列不属于交易中介的是(　　)。

A.上海证券交易所

B.上海黄金交易所

C.大连商品交易所

D.会计师事务所

【答案】D

答案解析：会计师事务所属于服务中介

5.【单选】金融市场中介分为交易中介和服务中介。按照这种划分方式，下列属于交易中介(　　)。

A.会计师事务所

B.投资顾问咨询公司

C.律师事务所

D.证券承销商

【答案】D

6.【单选】下列选项中属于金融市场客体的是(　　)。

A.会计师事务所

B.居民个人

C.同业拆借

D.金融机构

【答案】C

7.【单选】下列关于金融市场构成要素的说法，不正确的是(　　)。

A.政府参与金融市场，主要是通过发行各种债券筹集资金

B.在金融市场上，企业是最大的资金供给者

C.金融机构是资金融通活动的重要中介机构，是资金需求者和供给者之间的纽带

D.中央银行参与金融市场的主要目的不是为了筹措资金获利，而是为了实现货币政策目标，调节经济，稳定物价

【答案】B

8.【多选】我国金融机构中(　　)属于银监会监管。

A.信用合作社

B.区域性商业银行

C.证券公司

D.投资基金管理公司

E.保险公司

【答案】AB

【知识点】四、金融市场功能

1.资金融通集聚功能。

2.财富投资和避险功能。

3.交易功能。

4.优化资源配置功能。

5.调节经济功能。

6.反映经济运行的功能。

经典例题

9.【多选】金融市场的调节功能主要有(　　)

A.金融市场辅助调节

B.金融市场被动调节

C.金融市场自发调节

D.金融市场间接性调节

E.政府实施的主动调节

【答案】CE

10.【单选】金融市场常被称为“资金的蓄水池”和“国民经济的晴雨表”，分别指的是金融市场的(　　)。

A.集聚功能，反映功能

B.财富功能，反映功能

C.财富功能，资源配置功能

D.集聚功能，资源配置功能

【答案】A

11.【单选】金融市场上销售的金融工具为投资者提供了储存财富、保有资产和财富增值的途径，这体现的是金融市场的（　）。

A.反映功能　　　　B.集聚功能

C.财富功能　　　　D.调节功能

【答案】C

【知识点】五、有形市场和无形市场

按照金融交易的场地和空间划分，金融市场可分为有形市场和无形市场。

与有形市场相比，一般而言无形市场有以下几个典型的特征：

(1)交易场所不固定，分散交易。无形市场与有形市场的一个最明显的区别就是无固定的、集中的交易场所，交易是分散的。

(2)交易范围比较广。由于无形市场的交易不是集中交易，受地域限制的影响较小，交易的区域跨度大，范围广。

(3)交易时间相对较长，不是集中、固定的。与有形市场相比，无形市场一般交易时间相对较长，交易的时间也不固定、集中，双方交易条件的商谈过程、商品的交付时间、付款时间均较长，有些是长欺、运期的交易，例如外汇市场。

(4)交易的种类多。无形市场交易的金融工具种类比有形市场多，只要是通过市场交换金融产品，绝大多数都在无形市场上交易。

金融市场上，很多无形市场和有形市场是交叉叠合的。

经典例题

12.【单选】证券交易所属于（　）。

A.有形市场　　　　B.无形市场

C.第三市场　　　　D.第四市场

【答案】A。

答案解析：有形市场是指有固定的交易场所、有专门的组织机构和人员、有专门设备的、有组织的市场.交易所是典型的有形市场。

【知识点】六、发行市场和流通市场

按照金融工具发行和流通特征，可分为发行市场和流通市场。

(一)发行市场

金融资产首次出售给公众所形成的交易市场是发行市场，又称一级市场、初级金融市场或原始金融市场。

例如在证券发行市场上，需求者可以通过发行股票、债券取得资金。在发行过程中，发行者一般不直接同持币购买者进行交易，需要有中间机构办理，即证券经纪人。所以一级市场往往也是证券经纪人市场。

投资银行是一级市场上协助证券首次售出的重要金融机构,它通过承销证券,确保证券能够按照某一价格销售出去,之后再向公众推销这些证券。

发行市场上,证券发行可以通过公募和私募两种方式进行。公募又称公开发行,是指事先不确定特定的发行对象,而是向社会广大投资者公开推销证券。私募又称非公开发行,是指发行公司只对特定的发行对象推销证券。

(二)流通市场

金融资产发行后在不同投资者之间买卖流通所形成的市场即为流通市场,又称为二级市场,它是进行股票、债券和其他有价证券买卖的市场。

流通市场在于为有价证券提供流动性。流通市场同时可以为有价证券定价,来向证券持有者表明证券的市场价格。

流通市场与发行市场关系密切,既相互依存,又相互制约。

经典例题

13.【单选】下列关于金融市场的表述,错误的是(　　)。

A.第三市场具有限制少、成本低的优点

B.第四市场在交易过程中没有经纪人的介入

C.第三市场又称为流通市场

D.金融资产首次面向投资者发行的市场,被称为一级市场

【答案】C

【知识点】七、货币市场和资本市场

按照交易期限不同,金融市场划分为货币市场和资本市场。

(一)货币市场

货币市场又称短期资金市场,是实现短期资金融通的场所。一般是指专门融通短期资金和交易期限在一年以内(包括一年)的有价证券市场。包括银行短期借贷市场、银行间同业拆借市场、商业票据市场、银行承兑汇票市场、可转让大额定期存单市场等。这些市场上的交易工具期限较短,可以随时在市场上出售变现,从这个意义上说,它们常常作为机构和企业的流动性二级准备,故被称为准货币,而融通短期资金的市场也被统称为货币市场。

总体来看,货币市场的特征有以下几点:

(1)低风险、低收益;

(2)期限短、流动性高;

(3)交易量大、交易频繁。

(二)资本市场

资本市场是筹集长期资金的场所,一般而言,资本市场是指提供长期(一年以上)资本融通和交易的市场,包括股票市场、中长期债券市场和证券投资基金市场等。与货币市场相比,资本市场特点主要有:

(1)期限长、流动性较差；
(2)风险大、收益较高。

经典例题

14.【单选】货币市场是融通(　　)的场所，而资本市场是筹集(　　)的场所。
A.短期资金长期资金
B.长期资金短期资金
C.长期资金长期资金
D.短期资金短期资金
【答案】A
答案解析：按照融通资金的期限划分，融通资金在1年以内的市场叫做短期市场又叫做货币市场，融通资金在1年以上的市场叫做长期市场又叫做资本市场。

15.【单选】下列关于货币市场的特征的表述，正确的是(　　)。
A.高风险、高收益
B.违约风险高
C.期限长、流动性弱
D.低风险、流动性高
【答案】D
答案解析：货币市场的特征有低风险、低收益；期限短、流动性强；交易量大、交易频繁。

【知识点】八、直接融资市场和间接融资市场

按照资金融资方式，可分为直接融资市场和间接融资市场。

(一)直接融资市场

直接融资市场是指资金的供给者直接向资金需求者进行融资的市场，这个市场融资一般没有金融中介机构介入，在这种融资方式下，在一定时期内，资金盈余方通过直接与资金需求方协议，或在金融市场上购买资金需求方所发行的有价证券，将货币资金提供给需求方使用。商业信用、企业发行股票和债券，以及企业之间、个人之间的直接借贷，均属于直接融资。

直接融资市场上的融资方式具有以下几个特征：

1.直接性

2.分散性

直接融资是在无数个企业相互之间、政府与企业和个人之间、个人与个人之间，或者企业与个人之间进行的，因此融资活动分散于各种场合，具有一定的分散性。

3.差异性较大

由于直接融资是在企业和企业之间、个人与个人之间，或者企业与个人之间进行的，而不同的企业或者个人，其信誉好坏有较大的差异，债权人往往难以全面、深入了解债务人的信誉状况，从而带来融资信誉的较大差异和风险性。

4.部分不可逆性

例如，在直接融资中，通过发行股票所取得的资金，是不需要返还的。投资者无权中途要求退回股金，而只能到市场上去出售股票，股票只能够在不同的投资者之间互相转让。

5.相对较强的自主性

在直接融资中，在法律允许的范围内，融资者可以自己决定融资的对象和数量。

（二）间接融资市场

间接融资市场是指通过银行等信用中介的资产负债业务来进行资金融通的市场。在此过程中，资金的供求双方不直接见面，它们之间不发生直接的债权债务关系，而是由金融机构以债权人和债务人的身份介入其中，实现资金余缺的调剂。

间接融资同直接融资比较，其突出特点是比较灵活。比较而言，间接融资具有以下几个特征：

1.间接性

2.相对的集中性

间接融资通过金融中介机构进行。金融机构具有融资中心的地位和作用。

3.信誉的差异性较小

4.具有可逆性

通过金融中介的间接融资均属于借贷性融资，到期均必须返还，并支付利息，具有可逆性。

5.融资的主动权掌握在金融中介手中

经典例题

16.【单选】直接融资市场是指资金的（　）直接向资金（　）进行融资的市场。

A.拥有者；中介机构

B.中介机构；需求者

C.供给者；需求者

D.需求者；供给者

【答案】C

【知识点】九、货币市场介绍

根据市场中投资工具的不同，货币市场可分为同业拆借市场、票据贴现市场、可转让大额定期存单市场和回购市场等子市场。货币市场具有高流动性、低风险等特征，是重要的理财工具市场。

（一）货币市场概述

具体来说，货币市场主要有以下几个子市场：

1.同业拆借市场

同业拆借是指银行等金融机构之间相互借贷，以调剂资金余缺。同业拆借利率的形成机制分两种：一种是由拆借双方当事人协定，这种机制下形成的利率主要取决于拆借双方拆借资金的愿望的强烈程度，利率弹性较大；另一种是借助中介人经纪商，通过公开竞价确定，这种机制下形成的利率主要取决于市场拆借资金的供求状况，利率弹性较小。

在国际货币市场上最典型，最有代表性的同业拆借利率是伦敦银行同业拆借利率（LIBOR）。在国内市场上，银行间同业拆放利率(ShanghaiInterbank0f-feredRate，SHIB0R)，从2007年1月4日开始正式运行，采用报价制度，以拆借利率为基础，即参与银行每天对各个期限的拆借品种进行报价，对报价进行加权平均处理后，公布各个期限的平均拆借利率即为SHIBOB利率。

2.商业票据市场

商业票据是大公司为了筹措资金，以贴现的方式出售给投资者的一种短期无担保信用凭证。它具有期限短、成本低、方式灵活、利率敏感、信用度高等特点。商业票据市场主体包括发行者、投资者、销售商。

3.银行承兑汇票市场

银行承兑汇票市场是以银行承兑汇票为交易对象的市场，银行对未到期的商业汇票予以承兑，以自己的信用为担保，成为票据的第一债务人，出票人只负第二责任。

银行承兑汇票的特点：①安全性高，信用度好。银行承兑汇票的承兑人是银行，银行是主债务人，相对于企业而言，银行承担债务的安全性较强。②信用度较好、灵活性好。对于持有银行承兑汇票的商业银行，在资金短缺时，可以向中央银行办理再贴现或向其他商业银行办理转贴现。

4.回购市场

回购市场是通过回购协议进行短期货币资金借贷所形成的市场。回购是指在出售证券时，与证券的购买商签订协议，约定在一定期限后按原价或约定价格购回所卖证券，从而获得及时可用资金的一种交易行为，从本质上说，回购协议是一种以证券为抵押品的抵押贷款。

5.政府短期债券市场

短期政府债券是政府作为债务人，承诺一年内债务到期时偿还本息的有价证券。短期政府债券市场是以发行和流通短期政府债券所形成的市场，通常将其称为国库券市场。具有违约风险小、流动性强、交易成本低和收人免税的特点。

6.大额可转让定期存单市场

大额可转让定期存单市场是银行大额可转让定期存单发行和买卖的场所，大额可转让定期存单(CDS)是银行发行的有固定面额、可转让流通的存款凭证。

大额可转让定期存单的特点：不记名；金额较大；利率有固定的，也有浮动的，一般比同期限的定期存款的利率高；不能提前支取，但是可以在二级市场上流通转让。

7.货币市场基金市场

货币市场基金是指投资于货币市场上短期(一年以内，平均期限120天)有价证券的一种投资基金。这类基金的资产主要投资于短期货币工具如商业票据、银行定期存单、短期政府债券、短期企业债券等短期有价证券。

经典例题

16.**【2010年真题，判断】**理财客户将资金投资于货币市场，既可以保障资金的流动性，又可以获得资金的时间价值。(　)

【答案】A

17.**【单选】**货币市场工具往往被当作(　)的等价物。

A.现金　　B.债券

C.股票　　D.基金

【答案】A

18.【多选】下列金融工具中属于货币市场工具的是(　　)。

A.商业票据

B.金融期货

C.货币市场共同基金

D.大额可转让定期存单

E.政府发行的短期政府债券

【答案】ACDE

19.【单选】下列各类市场中不属于货币市场的组成部分的是(　　)

A.回购市场

B.票据市场

C.股票市场

D.同业拆借市场

【答案】C

20.【单选】关于货币市场,以下说话有误的是(　　)

A.货币市场上的金融工具的期限通常不超过1年

B.货币市场上的金融工具的流动性要比资本市场金融工具的流动性低

C.货币市场可以看作为资金的批发市场

D.同业拆借市场是货币市场的一个组成部分

【答案】B

21.【多选】下列关于同业拆借的表述,正确的有(　　)。

A.同业拆借利率的形成机制之一是借助中介人经纪商,通过公开竞价确定,这种机制下的利率取决于拆借双方拆借资金愿望的强烈程度,利率弹性较大

B.同业拆借银行等金融机构之间互相拆借在中央存款账户上的准备金余额,以调剂资金余缺

C.同业拆借利率的形成机制之一是借助中介人经纪商,通过公开竞价确定,这种机制下形成的利率主要取决于市场拆借资金的供求状况,利率弹性较小

D.同业拆借利率的形成机制之一是由拆借双方当事人协定,这种机制下的利率取决于拆借双方拆借资金愿望的强烈程度,利率弹性较大

E.同业拆借利率的形成机制之一是由拆借双方当事人协定,这种机制下的利率取决于市场拆借资金的供求状况,利率弹性较小

【答案】BCD

答案解析:同业拆借市场是银行等金融机构之间相互借贷在中央银行存款账户上的准备金余额,以调剂资金余缺。同业拆借利率形成机制分为两种:一是由拆借双方当事人协定,这种机制下形成的利率主要取决于拆借双方拆借资金愿望的强烈程度,利率弹性较大;另一种是借助中介人——经纪商,通过公开竞价确定,这种机制下形成的利率主要取决于市场拆借资金的供求状况,利率弹性较小。因此选择BCD。

22.【多选】回购协议市场的交易特点有(　　)。

A.流动性强

B.安全性高

C.收益稳定且超过银行存款收益

D.税收优惠

E.回购协议中所交易的证券主要是金融债券

【答案】ABC。

答案解析：回购协议并没有税收优惠，回购协议中所交易的证券主要是政府债券，D、E两项不符合题意。

23.【单选】商业票据的市场参与主体不包括(　　)。

A.投资者　　B.销售商

C.发行者　　D.居民个人

【答案】D

24.【多选】下列属于商业票据特征的有(　　)。

A.融资成本低

B.面额大

C.融资灵活性高

D.期限短

E.利率敏感性高

【答案】ACDE

25.【多选】下列关于银行承兑汇票特点的表述，正确的有(　　)。

A.出票人是第一债务人

B.主债务人是银行

C.持有银行承兑汇票的商业银行，在资金短缺时，应当要求出票人承兑

D.可以拿到中央银行贴现，灵活性好

E.以银行信用为基础，信用风险较低

【答案】BDE

26.【多选】短期政府债券的特征包括(　　)。

A.面额大

B.收入免税

C.交易成本高

D.流动性强

E.违约风险小

【答案】BDE

27.【单选】大额可转让存单的发行人一般是(　　)。

A.投资银行

B.政府机构

C.中央银行

D.商业银行

【答案】D

28.【单选】同业拆借市场是指(　　)。

A.企业之间资金调剂市场

B.商业银行与中央银行之间资金调剂市场

C.金融机构之间资金调剂市场

D.银行与企业之间资金调剂市场

【答案】C

29.【单选】下列关于货币市场在个人理财中的运用说法错误的是(　　)

A.购买时,投资者可根据产品各自的特点,选择适合自己的理财组合,在确保安全性、流动性的基础上获得投资收益的最大化

B.货币市场基金、人民币理财产品以及信托产品安全性较高、收益稳定,适合投资者投资

C.人民币理财产品、信托产品投资期限固定,收益稳定,适合有较大数额闲置资金的投资者购买

D.大额可转让定期存单具有良好的流动性,收益高于定期,是储蓄的良好替代品

【答案】D

【知识点】十、债券市场介绍

(一)债券市场概述

债券是投资者向政府,公司或金融机构提供资金的债权凭证,表明发行人负有在指定日期向持有人支付利息,并在到期日偿还本金的责任。债券是一种有价证券,由于债券的利息一般在事先确定,所以债券也被称为固定收益证券,同样可以上市流通。

1.债券特征

一般而言,债券具有以下四个特征:

(1)偿还性;

(2)流动性,债券持有人可以在二级市场自由转让债券;

(3)安全性,债券持有人的收益相对固定,此外,在企业破产时,债券持有者享有优先于股票持有者对企业剩余资产的索取权,这使得债券投资的风险明显低于股票;

(4)收益性。

2.债券分类

根据发行主体不同,债券可划分为政府债券、金融债券、公司债券等。

(1)政府债券,政府债券是政府为筹集资金而发行的债券。主要包括国债、地方政府债券等。国债因其信誉好、利率优、风险小而又被称为“金边债券”。

(2)金融债券,金融债券是由银行和非银行金融机构发行的债券。在我国金融债券主要由国家开发银行等政策性银行发行。

(3)公司债券,公司债券是指公司依照法定程序发行的,约定在一定期限内还本付息的有价证券。公司债券是公司向债券持有人出具的债务凭证。

按期限不同,债券可划分为短期债券,中期债券和长期债券。

①短期债券是指偿还期限在1年以下的债券。短期债券的发行者主要是企业和政府。企业发行短期债券大多是为了筹集临时性周转资金。政府发行短期债券多是为了平衡预算开支。

②中期债券是指期限在1年以上,一般在10年以下的债券。我国政府发行的各种国债和银行发行的金融债券,多属于中期债券。

③长期债券是指偿还期限在10年以上的债券。发行者主要是政府、金融机构和企业。发行中长期债券的目的是获得长期稳定的资金。我国政府发行的债券主要是中期债券,集中在3~5年这段期限。

按利息的支付方式不同,债券可划分为附息债券、一次还本付息债券和贴现债券等。

①附息债券是指在债券券面上附有息票的债券，或是按照债券票面载明的利率及支付方式支付利息的债券。

②一次还本付息债券是指在债务期间不支付利息，只在债券到期后按规定的利率一次性向持有者支付利息并还本的债券。我国的一次还本付息债券可视为零息债券。

③贴现债券,是指债券券面上不附有息票,在票面上不规定利率,发行时按规定的折扣率,以低于债券面值的价格发行,到期按面值支付本息的债券。

按募集方式分类,可分为公募债券和私募债券。

①公募债券是指向社会公开发行,任何投资者均可购买的债券,向不特定的多数投资者公开募集的债券,它可以在证券市场上转让。

②私募债券是指向与发行者有特定关系的少数投资者募集的债券，其发行和转让均有一定的局限性。

3.债券市场的功能

债券市场的功能主要有以下三点:

第一,融资功能。

第二,价格发现功能。债券市场为债券投资者提供了交易的场所,进而实现了价格发现功能,由于债券价格的市场表现可以客观反映企业生产经营和财务状况的好坏，债券市场可以进一步反映企业经营实力和财务状况。

第三,宏观调控功能。当社会生产衰退、资金紧缺的时候,中央银行会在债券市场上买入债券,投放货币。当社会投资过度,资金闲置,中央银行就卖出债券,回笼货币,以达到紧缩信贷,减少投资,平衡市场货币流通量的目的。

4.债券的发行

债券市场分为两个层次:一是债券发行市场也称一级市场;二是债券流通市场,也称为二级市场。

《公司法》规定,三类公司可以发行公司债券:股份有限公司,有限责任公司和国有独资企业或国有控股企业。

债券发行需要确定的要素包括发行金额、发行期限、发行利率、发行价格、付息频率、发行费用、是否含权、有无担保等诸多条件。其中最为重要的三大条件为发行利率、发行期限和发行价格,这三点直接决定了债券的投资价值。

按照债券的面健与发行价格的不同,可以将债券发行分为三种情况:

(1)发行价格等于票面价值,按票面价值偿还,这种发行方式被称为平价发行。

(2)发行价格高于票面价值,按票面价值偿还,这种发行方式被称为溢价发行。

(3)发行价格低于票面价值,按票面价值偿还,这种发行方式被称为折价发行。

5.债券的交易

债券发行后,绝大多数在流通市场(二级市场)上按不同的价格进行交易。交易价格的高低,取决于公众对该债券的评价、市场利率以及人们对通货膨胀率的预期等。

一般来说,债券价格与到期收益率成反比。债券价格越高,从二级市场上买入债券的投资者所得到的实际收益率越低;反之则相反。债券的市场交易价格同市场利率成反比。市场利率上升,债券持有人变现债券的市场交易价格下降;反之则相反。

6.银行间债券市场和交易所债券市场

银行间债券市场是依托于中国外汇交易中心暨全国银行间同业拆借中心和中央国债登记结算股份有限公司的,包括商业银行、保险机构、证券公司、基金公司等金融机构进行债券发行、交易和回购的场所。银行间债券市场已经成为我国债券市场的主体部分,绝大多数的记账式国债、政策性金融债以及企业类债券等均在银行间市场发行并上市交易。

交易所债券市场则依托于上海证券交易所和深圳证券交易所,投资者可委托交易所会员在交易所市场进行债券交易,中国证券登记结算有限公司上海分公司和深圳分公司分别托管上交所和深交所的债券。

(二)债券市场在个人理财中的运用

目前,国内银行代理的债券主要包括政府债券、金融债券、公司债券等几种,人们可以根据自身的实际情况选择债券投资品种。在债券的投资中,相对而言,国债的安全性、流通性、收益性俱佳。

除了上述三类债券外,一些商业银行开发了大量与债券相关的理财产品,主要是通过投资银行间市场债券类金融工具来获取投资收益,这些产品具有风险相对较低、收益稳定的特征。与同期限的存款相比,债券收益相对较高。对于风险承受能力相对较低的客户来说,债券类产品是一个不错的选择。

经典例题

30.【单选】A、B两种债券现均以1000美元面值出售,每年付息120美元。已知A债券5年后到期,B债券6年后到期。如果两种债券的到期收益率从12%变为10%时,下列表述正确的是( )。

A.两种债券都贬值,且B债券贬值较多

B.两种债券均升值,且A债券升值较多

C.两种债券均贬值,且A债券贬值较多

D.两种债券均升值,且B债券升值较多

【答案】D

31.【单选】与股票相比,债券的特征中最为显著的是( )。

A.偿还性　　B.流动性

C.安全性　　D.收益性

【答案】A

32.【多选】债券按发行主体的不同,可分为( )。

A.企业债券

B.金融债券

C.政府债券

D.可转换债券

E.可赎回债券

【答案】ABC

33.【单选】下列关于股票和债券特征比较的表述中，错误的是(　　)

A.普通股票所有者可以参与公司决策，债券持有者则通常无此权利

B.股票不具有偿还性，而债券到期时发行人必须偿还债券本息

C.股票的收益总是比债券的收益高

D.股票的期限是不确定的，债券通常有确定的到期日

【答案】C

34.【判断】债券的性质是所有权凭证，反映了筹资者和投资者之间的债权债务关系。(　　)

【答案】错误

35.【单选】衡量债券持有人按自己的需要和市场实际状况灵活的转让债券的难易程度的指标是(　　)。

A.偿还性　　B.收益性

C.流动性　　D.安全性

【答案】C

36.【单选】贴现发行的零息债券一般(　　)债券的面值。

A.低于　　B.高于

C.等于　　D.无法比较

【答案】A

37.【单选】短期政府债券通常采用(　　)发行。

A.溢价方式　　B.按面值

C.贴现方式　　D.平价方式

【答案】C

38.【单选】(　　)又被称为“金边债券”。

A.国债　　B.金融债

C.公司债　　D.企业债

【答案】A

【知识点】十一、股票市场介绍

(一)股票市场概述

股票是股份公司发行的，表明投资者投资份额及其权利和义务的所有权凭证，是股份公司为筹集资金而发行给各个股东作为持股凭证的一种有价证券。一般地，股票市场可以分为一级市场、二级市场。其中，一级市场也称为股票发行市场，二级市场也称为股票交易市场。股票市场的变化与整个市场经济的发展是密切相关的，股票市场在市场经济中始终发挥着经济状况“晴雨表”的作用。

1.股票价格指数

股票市场的运行往往是通过股票价格指数的变动放映出来。股票价格指数简称股价指数，是用来衡量计算期一组股票价格相对于基期一组股票价格的变动状况的指标，是股票市场总体或局部动态

的综合反映。编制股票指数，通常以某个时点为基础，以基期的算术或加权平均股票价格为100，用以后各时期的算术或加权平均股票价格与基期做比较，计算出该时期的指数。

2.股票市场的功能

股票有如下四方面的功能：

第一，积聚资本功能。上市公司通过股票市场发行股票来为公司筹集资本。

第二，资本转让功能。股市为股票的流通转让提供了场所，使股票的发行得以延续。

第三，资本转化功能。股市使非资本的货币资金转化为生产资本，它在股票买卖者之间架起了一座桥梁，为非资本的货币向资本的转化提供了必要的条件。

第四，股票定价功能。股票本身并无价值，虽然股票也想商品那样在市场上流通，但其价格的多少与其所代表的资本的价值无关。股票的价格是由股票市场中的供求来确定。

(二)股票市场在个人理财中的运用

作为理财工具之一，股票投资具有高风险和高收益特征，需要投资者具有相对专业的理论基础、合理的仓位控制能力和较强的操作能力，对于专业能力欠缺且风险承受能力较低的客户来说，股票投资需要慎重选择。

经 典 例 题

39.【单选】股票发行者为扩充经营资本，按照一定的法律规定和发行程序，向投资者出售新股票所形成的市场是(　　)。

A.股票流通市场

B.股票交易所的场内交易

C.股票发行市场

D.股票交易所的场外交易

【答案】C

40.【多选】下列关于股票的表述，正确的有(　　)。

A.股票表明投资者的投资份额及其权利义务

B.股票能够给持有者带来收益

C.股票是股份公司发行的有价证券

D.股票的实质是公司的产权证明书

E.股票是一种债权凭证

【答案】ABCD

【知识点】十二、金融衍生品市场介绍

2010年推出的股指期货经过短短的几年的发展，已经在成交额方面占据一定份额，发展势头极为迅猛。

(一)金融衍生品市场概述

金融衍生品市场是相对传统金融市场而言的，是交易金融衍生工具的市场。金融衍生工具是从标

的资产派生出来的金融工具。这类工具的价值依赖于基本标的资产的价值。如远期、期货、期权、互换等。金融衍生工具往往是根据原生性金融工具预期价格变化定值。

1.金融衍生品的种类及特点

(1)金融衍生工具的种类

按照基础工具的种类划分,金融衍生工具可以分为股权衍生工具、货币衍生工具和利率衍生工具。

按照交易场所划分,金融衍生工具可以分为场内交易工具和场外交易工具。前者如股指期货,后者如利率互换等。

按照交易方式分,金融衍生工具可以分为远期、期货、期权和互换。

(2)金融衍生工具的特点

①可复制性。只要掌握了定价和复制技术,就可以较随意地分解,组合,根据不同的市场参数设计不同的产品。

②杠杆特征。由于允许保证金交易,交易主体在支付少量保证金后就签订衍生交易合约,利用少量资金就可以进行名义金额超过保证金几十倍的金融衍生交易,产生"以小博大"的杠杆效应,杠杆效应放大了金融衍生工具的风险。

2.金融衍生品市场的功能

第一,转移风险功能。

第二,价格发现功能。

第三,提高交易效率功能。

第四,优化资源配置功能。

3.金融衍生品市场分类

金融衍生品市场根据金融衍生工具的交易方式分为四个子市场:金融远期市场、金融期货市场、金融期权市场和金融互换市场。

(1)金融远期市场

金融远期市场是金融远期合约交易市场。金融远期合约是指双方约定在未来的某一确定时间,按确定的价格买卖一定数量某种金融工具的合约。

金融远期合约的作用是规避价格风险。在生产周期比较长的现货交易中,未来价格波动可能很大。远期合约正是为满足买卖双方控制价格不确定性的需要而产生的。

金融远期合约的特点表现在:①非标准化合约。②柜台交易。③没有履约保证。

根据基础资产划分,常见的金融远期合约包括四个大类:

①股权类资产的远期合约。②债权类资产的远期合约。③远期利率协议。④远期汇率协议。

(2)金融期货市场

金融期货市场是交易金融期货合约的市场。金融期货合约是指协议双方同意在约定的将来某个日期,按约定的条件买入或卖出一定标准数量的金融工具的标准化协议。

金融期货市场是专门进行金融期货合约交易的场所,是有组织、有严格规章制度的金融期货交易所。

期货合约的特征:

①标准化合约。期货合约在商品品种、品质、数量、交货时间和地点等方面事先确定好标准条款。

②履约大部分通过对冲方式。期货合约只有很少一部分进行实物交割,绝大多数合约都会在交割期之前以平仓的方式了结。

③合约的履行由期货交易所或结算公司提供担保。

④合约的价格有最小变动单位和浮动限额。

期货交易的主要制度：①通过保证金制度来实现交易的正常进行。②每日结算制度。又称“逐日盯市制度”。③持仓限额制度。④大户报告制度。⑤强行平仓制度。

(3)金融期权市场

金融期权市场是交易金融期权的市场。金融期权实际上是一种契约，它赋予了持有人在未来某一特定的时间内按买卖双方约定的价格，购买或出售一定数量某种金融资产的权利。

金融期权的要素主要包括基础资产或标的资产、期权的买方、期权的卖方、执行价格、到期日以及期权费等。基础资产，是期权合约中规定的双方买卖的资产或期货合同；期权的买方，是购买期权的一方，支付期权费，并获得权利的一方，也称期权的多头；期权的卖方，是出售期权的一方，获得期权费，因而承担在规定的时间内履行该期权合约的义务，也称期权的空头；执行价格，是期权合约所规定的、期权买房在行使权力时实际执行的价格；到期日，是期权合约规定的期权行使的最后有效日期，又叫行权日；期权费，是指期权买房为获取期权合约所赋予的权力面向期权卖方支付的费用。

金融期权的分类主要包括以下几种方式：

第一，按照对价格的预期，金融期权可分为看涨期权和看跌期权。

第二，按行权日期不同，金融期权可分为欧式期权和美式期权。欧式期权是期权的持有者只有在期权到期日才能执行期权。美式期权则允许期权持有者在期权到期日前的任何时间执行期权。对期权购买者来说，美式期权比欧式期权更有利，买进这种期权后，购买者可以在期权有效期内根据市场价格的变化和自己的实际需要比较灵活地选择执行时间。相反，对于期权出售者来说，美式期权比欧式期权的风险更大，期权的出售者必须随时为履约做好准备。在其他条件一定的情况下，美式期权的期权费通常比欧式期权的期权费要高一些。

第三，按基础资产的性质划分，金融期权可以分为现货期权和期货期权。

(4)金融互换市场

金融互换市场是交易金融互换的市场。金融互换是两个或两个以上当事人，按照商定条件，在约定的时间内，相互交换等值现金流的合约。

金融互换是通过银行进行的场外交易。互换市场存在一定的交易成本和信用风险。金融互换包括利率互换和货币互换两种类型。

(二)金融衍生品市场在个人理财中的运用

金融衍生品的重要功能就是管理风险，利用衍生品进行风险管理，可大大提高理财的效率。

经典例题

41.【多选】金融衍生品市场可划分为(　　)。

A.套期保值市场

B.期货市场

C.互换市场

D.期权市场

E.远期协议市场

【答案】BCDE

42.【多选】金融衍生品市场的功能不包括(　　)。

A.提高交易效率

B.价格发现

C.消除风险

D.优化资源配置

E.平摊成本

【答案】CE

43.【判断】金融远期合约是为了赚取交易价差而产生的(　　)。

【答案】错误

答案解析:为满足买卖双方控制价格不确定性的需要而产生

44.【单选】下列关于金融远期合约的表述,错误的是(　　)。

A.主要在柜台交易

B.没有履约保证

C.每个交易日结束后计算浮动盈亏

D.合约一般为非标准化合约

【答案】C

45.【多选】下列选项中属于金融期货合约的特征的有(　　)。

A.标准化合约

B.有履约担保

C.场外交易

D.履约大部分通过对冲方式

E.合约的价格有最小变动单位和浮动限额

【答案】ABDE。

答案解析:金融期货合约是指协议双方同意在约定的将来某个日期,按约定的条件买人或卖出一定标准数量的金融工具的标准化的协议。期货合约的特征:(1)标准化的合约。期货合约在商品品种、品质、数量、交货时问和地点等方面事先确定好标准条款;(2)履约大部分通过对冲方式。期货合约只有很少一部分进行实物交割,绝大多数合约都会在交割期之前以平仓的方式了结;(3)合约的履行由期货交易所或结算公司提供担保;(4)合约的价格有最小变动单位和浮动限额。

46.【单选】通常情况下,在期货交易中,任何投资者必须按照其所买卖期货合约价值的(　　)缴纳资金,用于结算和保证履约。

A.5%-10%

B.10%-15%

C.10%-20%

D.15%-20%

【答案】A

47.【多选】金融期货和金融远期合约的重要区别在于(　　)。

A.金融远期合约能够降低风险,但金融期货合约不能

B.金融远期合约大多在场外进行交易,金融期货合约在交易所内进行交易

C.金融远期合约的收益和损失一般在合约到期日实现,金融期货合约的盈利和亏损在每个

交易日结束前清算和执行

D.金融远期合约买卖双方一般不进行实物交割,金融期货合约一般都进行实物交割

E.金融远期合约的二级市场非常活跃,金融期货合约的二级市场非常不活跃

【答案】BC

48.【单选】期货合约的特点包括(　　)。

(1)标准化合约

(2)履约大部分通过对冲方式

(3)合约的履行由期货交易所或结算公司提供担保

(4)合约的价格有最大变动单位和浮动限额

A.(1)(3)(4)　　B.(2)(3)(4)

C.(1)(2)(3)　　D.(1)(2)(4)

【答案】C

49.【单选】下列关于期货交易结算制度的表述,错误的是(　　)。

A.期货交易所根据期货公司的结算结果对客户进行结算

B.客户应当及时查询并妥善处理自己的交易持仓

C.期货交易所实行当日无负债结算制度

D.期货交易的结算,由期货交易所统一组织进行

【答案】A

50.【多选】在期货交易中,应当强行平仓的情形有(　　)。

A.会员结算准备金余额小于零,并来能在规定时限内补足

B.因违规受到交易所强行平仓处罚

C.根据交易所的紧急措施应予强行平仓

D.持仓量超出其限仓规定

E.会员、客户的现金流出现问题

【答案】ABCD

51.【多选】刘先生购买A股票,购买期权费为20元,执行价格80元,到期后A股票价格上涨到120元,刘先生选择执行期权,下列表述正确的有(　　)。

A.刘先生的损失是无限的

B.刘先生执行期权后收益为40元

C.刘先生执行期权后收益为20元

D.刘先生购买的是看涨期权

E.假如到期A股票价格跌到60元,则刘先生最大损失为期权费20元

【答案】CDE

52.【2010年真题,单选】交易者只能在期权到期日办理交割的期权交易称为(　　)

A.美式期权

B.英式期权

C.定期期权

D.欧式期权

【答案】D

53.【判断】期权卖出者最大的利润是出售期权所得的期权费,最大损失随着金融工具价格的下跌水平而定,所以损失无限,发生巨额损失的概率无限( )

【答案】错误

54.【多选】最基本的金融互换不包括( )

A.利率互换

B.货币互换

C.远期互换

D.期货互换

E.期权互换

【答案】CDE

【知识点】十三、外汇市场介绍

(一)外汇市场概述

外汇是一种以外国货币表示或计值的国际间结算的支付兑换的手段，通常包括可自由兑换的外国货币、外币支票、汇票、本票存单等。广义的外汇还包括外币有价证券,如股票、债券等。它具备三个特点:可支付性(必须以外国货币表示的资产)、可获得性(必须是在国外能够得到补偿的债权)和可换性(必须是可以自由兑换为其他支付手段的外币资产)。

外汇市场是指由银行等金融机构、自营交易商、大型跨国企业参与的,通过中介机构或电信系统联结的,以各种货币为买卖对象的交易市场。

1.外汇市场的特点

空间统一性和时间连续性。

伦敦是世界上最大的外汇交易中心,东京是亚洲最大的外汇交易中心,纽约是北美洲最活跃的外汇市场。

2.外汇市场的功能

第一,国际金融活动枢纽功能。

第二,形成外汇价格体系功能。

第三,调剂外汇余缺,调节外汇供求功能。

第四,实现不同地区间的支付结算功能。

第五,运用操作技术规避外汇风险功能。

3.外汇市场的分类

(1)有形市场与无形市场

有形市场是指有供交易者做交易的固定场所,由一些指定的银行、外汇经纪人和客户共同参与组成的外汇交易场所。交易所内有固定的营业日和开盘、收盘时间。

无形市场是指没有具体交易场所的外汇市场,在这类市场中,外汇买卖都是用电话、电报及其他通讯工具,由外汇经纪人充当买卖中介或由外汇交易员而使交易得以进行的市场。

(2)自由外汇市场和官方外汇市场

自由外汇市场是指任何外汇交易都不受所在国主管当局控制的外汇市场,即每笔外汇交易从金额、汇率、币种到资金出入境都没有任何限制,完全由市场供求关系决定。

官方外汇市场是指受所在国政府主管当局控制的外汇市场。目前仍实行外汇管制的国家的外汇市场大多是官方外汇市场。但有些国家的官方外汇市场正在渐渐地向自由外汇市场转化。

4.即期外汇市场和远期外汇市场

即期外汇市场是指从事即期外汇买卖的外汇市场,又叫现汇交易市场。即期外汇市场是外汇市场上最经济、最普通的形式。

远期外汇市场是指远期外汇交易的场所,又叫期汇交易市场,远期外汇交易是在外汇买卖时,双方先签订合约,规定交易货币的种类、数额及适用的汇率和交割时间,并于将来约定的时间进行交割的外汇交易。它的期限一般有 30 天、60 天、90 天、180 天及 1 年。

(二)外汇市场在个人理财中的运用

外汇市场交易主要分为商业银行与客户之间的外汇交易、商业银行同业之间的外汇交易以及商业银行与中央银行之间的外汇交易。从个人理财来看,个人闲置的外汇资金可以通过外汇市场各类产品实现资金的保值增值。

经 典 例 题

55.【多选】根据《中华人民共和国外汇管理条例》,属于外汇范畴的有(　　)。

A.外国股票

B.特别提款权

C.外币支付凭证

D.外币有价证券

E.外国货币

【答案】ABCDE

56.【单选】目前世界上最大的外汇交易中心是(　　)。

A.东京　　B.纽约

C.伦敦　　D.新加坡

【答案】C

答案解析:伦敦是世界最大的外汇交易中心,东京是亚洲地区最大的外汇交易中心,纽约是北美洲最活跃的外汇市场。

57.【多选】目前主要的国际性外汇市场有(　　)。

A.伦敦　　B.巴黎

C.东京　　D.上海

E.新家坡

【答案】ACE

58.【单选】远期外汇交易的交割期一般按(　　)计算。

A.年　　B.季

C.月　　D.日

【答案】C

59【判断】按外汇买卖交割期的不同,汇率可分为短期汇率和长期汇率。(　　)

【答案】错误

【知识点】十四、保险市场介绍

(一)保险市场概述

保险市场是指保险商品交换关系的总和或是保险商品供给与需求关系的总和。它既可以指固定的交易场所,如保险交易所,也可以是所有实现保险商品让渡的交换关系的总和。

保险市场的交易对象是保险人为消费者所面临的风险提供的各种保险保障及其他保险服务,即各类保险商品。

1.保险的概念

保险是指投保人根据合同约定,向保险人支付保险费,保险人对于合同约定的可能发生的事故因其发生所造成财产损失承担赔偿保险金责任,或者当被保险人死亡、伤残,疾病或者达到合同约定的年龄、期限时,承担给付保险金责任的商业保险行为。

2.保险的相关要素

(1)保险合同

保险产品的直接保险形式是保险合同, 保险合同是投保人与保险人约定保险权利义务关系的协议。保险合同的当事人是投保人和保险人;保险合同的内容是保险双方的权力义务关系。投保人是指与保险人订立合同,并按照保险合同负有支付保险费义务的人。保险人是指与投保人订立保险合同,并承担赔偿或者给付保险金责任的保险公司。

(2)投保人

投保人是指与保险人订立保险合同,并按照保险合同负有支付保险义务的人。投保人必须具备以下两个条件:具备民事权利能力和民事行为能力;承担支付保险费的义务。

(3)保险人

保险人是指与投保人订立保险合同,并承担赔偿或者给付保险金责任的保险公司。保险人具有以下特征:保险人仅指从事保险业务的保险公司,其资格的取得只能是符合法律的严格规定;保险人有权收取保险费;保险人有履行承担保险责任或给付保险金的义务。

(4)保险费

保险费是投保人根据保险合同的有关规定, 为被保险人或者受益人取得因约定保险事故发生所造成经济损失的补偿所预先支付的费用。保险费由保险金额、保险费率和保险期限构成。保险费的数额同保险金额的大小、保险费率的高低和保险期限的长短成正比,即保险金额越大,保险费率越高,保险期限越长,则保险费也就越多。缴纳保险费是被保险人的义务。

(5)保险标的

保险标的可以是保险对象的财产及其相关利益,也可以是人的寿命和身体,是确定保险合同关系和保险责任的依据。

(6)被保险人

被保险人是指其财产或者人身受保险合同保障，享有保险金请求权的人，投保人可以为被保险人。被保险人具有以下特征:被保险人是保险事故发生时遭受损失的人;在财产保险中,被保险人必须是财产的所有人或其他权利人;是享有保险金请求权的人;保险人的资格一般不受限制,被保险人可以是投保人自己,也可以是投保人以外的第三人;被保险人也可以是无民事行为能力人,但是在人身保险中,只有父母才可以为无民事行为能力人投保以被保险人死亡为给付保险金条件的保险,同时投保的保险金额也有限制。

(7)受益人

受益人指保险合同中(一般为人身保险)由被保险人或者投保人指定的享有保险金请求权的人。投保人指定受益人时须经被保险人同意。被保险人为无民事行为能力人或者限制民事行为能力人的,可以由其监护人指定受益人。被保险人或者投保人可以变更受益人并书面通知保险人,投保人变更受益人时须经被保险人同意。

被保险人死亡后,有下列情形之一的,保险金作为被保险人的遗产,由保险人依照《中华人民共和国继承法》的规定履行给付保险金的义务:没有指定受益人,或者受益人指定不明无法确定的;受益人先于被保险人死亡,没有其他受益人的;受益人依法丧失受益权或者放弃受益权,没有其他受益人的。受益人与被保险人在同一事件中死亡,且不能确定死亡先后顺序的,推定受益人死亡在先。

(8)保险金额

保险金额指保险人承担赔偿或者给付保险金责任的最高限额，即投保人对保险标的的实际投保金额;同时又是保险公司收取保险费的计算基础。

3.保险产品的功能

第一,风险转移,损失分摊功能,保险提供了一种分摊损失的机制。

第二,损失补偿功能。

第三,资金融通功能。

4.保险相关原则

(1)保险利益原则

保险利益是指被保险人或投保人对保险标的具有的法律上承认的利益。人身保险的保险利益必须在合同成立时存在,如果在订立合同时保险利益不存在,则订立的合同无效。财产保险的被保险人在保险事故发生时对保险标的应当有保险利益。

(2)近因原则

近因是指风险和损失之间,导致损失的最直接最有效、起决定作用的原因,用以确定保险赔偿责任。近因原则是指判断风险事故与保险标的的损失之间的关系,从而确定保险补偿或给付责任的基本原则。如果近因属于被保风险,则保险人应赔偿,如果近因属于除外责任或者未保风险,则保险人不负责赔偿。

(3)损失补偿原则

损失补偿原则是保险人必须在保险事故发生导致保险标的遭受损失时根据保险责任的范围对受益人进行补偿。其含义为保险人对约定的保险事故导致的损失进行补偿,受益人不能因保险金的给付获得额外利益。一般来说,财产保险遵循该原则,但是由于人的生命和身体价值难以估计,所以人身保险并不适用该原则。

保险事故发生后，被保险人从保险人得到的赔偿正好填补被保险人因保险事故造成的保额范围内的损失。实际运用过程中,应当以实际损失为限,以保额为限,以保险利益为限。

(4)最大诚信原则

最大诚信是指诚实、守信。保险合同就是建立在诚实信用基础上的一种射幸合同,《保险法》第五条规定,保险合同当事人行使权利,履行义务应当遵循诚实信用原则。它主要通过保险合同双方的诚信义务来体现,具体包括投保人或被保险人如实告知的义务及保证义务,保险人的说明义务及弃权和禁止反言义务。

5.保险市场主要产品

(1)按照保险的经营惟质划分为社会保险和商业保险

①社会保险是指通过国家立法形式,以劳动者为保障对象,政府强制实施,为丧失劳动能力、暂时失去劳动岗位或因健康原因造成损失的人口提供收入或补偿的一种社会和经济制度。这种保险具有非营利性、社会公平性和强制性等特点。

中国的社会保险产品主要包括养老保险、医疗保险、失业保险、工伤保险、生育保险等。

②商业保险是保险公司以营利为目的,基于自愿原则与众多面临相同风险的投保人以签订保险合同的方式提供的保险服务。

(2)按照保险标的划分为人身保险和财产保险

①人身保险是以人的身体和寿命作为保险标的的一种保险。人身保险的投向保人按照保单约定向保险人缴纳保险费。当被保险人在合同期限内发生死亡、伤残、疾病等保险事故,或达到人身保险合同约定的年龄、期限时,由保险人依照合同承担给付保险金的责任。

②财产保险是指以财产及其有关利益为保险标的,保险人对保险事故导致的财产损失给予补偿的一种保险。需要特别注意的是,保险标的及相关利益必须可用货币衡量,保险标的必须是有形财产和经济性利益。

表 3-1 保险产品的主要分类

人身保险	人寿保险	传统人寿保险	生存保险
			死亡保险
			生死两全保险
		年金保险	个人年金
			联合年金
			最后生存者年金
			联合及生存者年金
		人身保险新型产品	分红型寿险
			万能型寿险
			投资连结型寿险
	意外伤害保险		意外残疾及身故保险
			意外医疗保险
	健康保险		疾病保险
			医疗保险
			收入补偿保险

（续表）

财产保险	物质财产保险	家庭财产保险
		企业财产保险
		货物运输保险
		运输工程保险
		工程保险
		农业保险
	责任保险	公众责任保险
		产品责任保险
		雇主责任保险
		职业责任保险
		环境责任保险
		个人责任保险
	信用保险	一般商业信用保险
		投资保险（政治风险保险）
		出口信用保险

（二）保险市场在个人理财中的运用

不论生命周期处于哪一阶段，个人（家庭）保险已经成为理财规划的一个重要组成部分。保险产品可以帮助人们解决死亡、疾病、意外事故等所致的经济困难等问题，同时很多产品还能为客户带来不错的保险金收入。目前集健康保障、养老、教育、意外伤害保障、财富传承、储蓄投资等功能于一身的保险产品、组合及规划受到越来越多客户的青睐。保险产品最显著的特点是具有其他投资理财工具不可替代的财富保障、税负减免和财富传承功能。

经典例题

60.【单选】从法律角度看，保险是一种（　）行为。

A.代理　　B.约定

C.合同　　D.承诺

【答案】C

答案解析：从法律角度看，保险是一种合同行为。

61.【单选】下列关于保险相关要素的表述，错误的是（　）。

A.投保人和被保险人不能是同一人

B.保险人按保险合同承担赔偿或者给付保险金的责任

C.投保人按保险合同负有支付保险费的义务

D.保险合同是投保人与保险人约定保险权利义务的协议

【答案】A

62.【单选】保险产品的直接表现形式是（　）。

A.保险凭证　　B.保险合同

C.投保单　　D.暂保单

【答案】B

63.【单选】受益人先于被保险人死亡，又没有其他受益人的，保险金由(　　)领取。

A.被保险人

B.投保人

C.受益人

D.被保险人的法定继承人

【答案】D

64.【多选】保险产品的功能包括(　　)。

A.转移风险

B.分摊损失

C.补偿损失

D.融通资金

E.套期保值

【答案】ABCD

65.【单选】根据《保险法》的规定，健康保险属于(　　)范围。

A.再保险

B.人寿保险

C.人身保险

D.财产保险

【答案】C

66.【单选】社会保险不具备(　　)特点。

A.非盈利性

B.社会公平性

C.强制性

D.自愿性

【答案】D

67.【单选】下列选项中不属于人身保险的是(　　)。

A.人寿保险

B.健康保险

C.责任保险

D.意外伤害保险

【答案】C

答案解析：责任保险属于财产保险

68.【多选】下列对保险产品的描述，错误的有(　　)。

A.财产保险的标的和相关利益必须可用货币衡量

B.人寿保险包括：生存保险、死亡保险和疾病保险

C.再保险是指投保人按原保险签订保险协议

D.商业保险遵循强制性原则

E.人身保险的保险标的是指人的身体

【答案】BCDE

【知识点】十五、贵金属市场及其他投资市场介绍

(一)贵金属市场

1.贵金属市场组成

(1)黄金

黄金市场由供给方和需求方组成。黄金的供给方主要有产金商、出售或借出黄金的中央银行、打算出售黄金的私人或集团，黄金的需求方主要有黄金加工商、购入或回收黄金的中央银行、进行保值或投资的购买者。

黄金价格影响因素比较多，主要有以下几类：

①供求关系及均衡价格。黄金市场的均衡要求黄金的流量市场和存量市场同时达到均衡。如果在一定的价格上，流量市场供大于求，会导致存量市场的供给过剩，进而导致价格下降；反之，则会上升。

②通货膨胀。通货膨胀使产品的名义价格普遍上涨，黄金的名义价格也会相应上升。因此，一般而言，在面对通货膨胀压力的情况下，黄金投资具有保值增值的作用。

③利率。实际利率较高时，持有黄金的机构就会卖出黄金，将所得货币用于购买债券或者其他金融资产来获得更高收益，因此会导致黄金价格的下降。相反，如果实际利率下降，机构持有黄金的机会成本(由此造成的利息损失)就会减少，从而促进黄金需求的增加，导致黄金价格的上升。

④汇率。通常情况下美元是黄金的主要标价货币，如果美元汇率相对于其他货币贬值，则只有黄金的美元价格上升才能使黄金市场重新回到均衡。黄金的收益和股票市场的收益不相关甚至负相关，这个特性通常使它成为投资组合中的一个重要的分散风险的组合资产。

(2)白银

自古以来，白银就一直与黄金一起，被作为财富的象征。目前，白银已基本丧失了货币职能，主要用于工业、摄影以及首饰。这几大类的白银总需求占到白银需求的85%左右。从投资属性上来看，白银的投资门槛较低，价格波动性较为剧烈。

(3)铂金

铂金是世界上最稀有的首饰用金属之一，其耐热、耐酸、抗腐蚀，在极端恶劣的环境下仍能保持稳定的金属性质，被广泛用于珠宝首饰业和化学工业。铂金产量稀少，非常珍贵，只在全球极少数地方才得以被开采，全球铂金总储量的98%集中在南非和俄罗斯。由于这种稀缺性，铂金价格受到供给的影响较为明显。所以具有恒久保健价值，亦被人们所追捧。

2.贵金属市场在投资中的适用

以黄金市场为例，黄金市场是24小时交易的市场，因此随时可以变钞票。黄金具有世界价格，还可以根据兑换比价，兑换为其他国家货币；即便现在黄金的流动性不是很好，但仍可以拿黄金去兑换人民币，或者作为普通商品在商场里买卖。支持黄金价格上涨一个很重要的因素在于黄金的稀有性。

黄金具有价值稳定、流动性高的优点，是对付通货膨胀的有效手段。

对普通投资者而言，实物黄金和纸黄金是较为理想的黄金投资渠道，但黄金饰品对家庭理财没有太大意义，因为黄金饰品的价格包含了加工成本。相对而言，金条、金块比较适合长期投资，并可对家庭资产起到保值、增值的作用，对抗通货膨胀，目前各大银行都可以买到这类实物黄金。账户黄金投资更适合具备专业知识的投资者。黄金期货投资门槛和风险太高，不太适合普通投资者。

（二）房地产市场

1.房地产及其特性

房地产即不动产，是指土地、建筑物以及附着在土地或建筑物上的不可分离的部分和附带的各种权益。房地产既是一种客观存在的物质形态，同时也是一项法律权利。作为一种客观存在的物质形态，房地产是指房产和地产的总称，包括土地和土地上永久建筑物及其所衍生的权利。法律意义上的房地产本质是一种财产权利，这种财产权利是指蕴含于房地产实体中的各种经济利益以及由此而形成的各种权利，如所有权、使用权、抵押权、典当权、租赁权等。

房地产与个人的其他资产相比有其自身的特点：位置固定性、使用长期性、影响因素多样性和保值增值性。

（1）房地产的投资方式

房地产的投资方式包括房地产购买、房地产租赁和房地产信托。

（2）房地产投资的特点

①价值升值效应。很多情况下，房地产升值对房地产回报率的影响要大大高于年度净现金流的影响。

②财务杠杆效应。房地产投资的吸引力还来自于高财务杠杆率的使用。通常投资者以所购买的房地产为抵押，借入相当于其购买成本绝大部分的款项。当房产收益高于借贷成本时，这种杠杆投资的价值优势十分明显。

③变现性相对较差。房地产投资品单位价值高，且无法转移，期流动性较弱，特别是在市场不景气时期变现难度较大。

④政策风险。房地产价值受政策环境、市场环境和法律环境等因素的影响较大。

（3）房地产价格的构成及影响因素

房地产价格构成的基本要素有土地价格或使用费、房屋建筑成本、税金和利润等。影响房地产价格的因素很多，主要有：

①行政因素。

②社会因素。

③经济因素。

④自然因素。

2.房地产投资在个人理财中的应用

投资者在进行房地产投资时，应当对宏观和微观风险进行全面了解。特别值得注意的是，房地产投资面临较大的政策风险。当经济过热，政府采取紧缩的宏观经济政策时，放地产业通常会步入下降周期，房地产价格降低，投资者面临资产损失的风险。

（三）收藏品市场

1.收藏品市场概述

收藏品可具体分为文物珠宝类、名石和观赏石类、钱币类邮票类、文献类、票券类、陶瓷类、玉器类、绘画类等。随着经济发展,居民投资意识不断增强,除了股市、房地产、实业等,收藏品行业也是个人投资的主要渠道之一。由于收藏品种类繁多,投资任何一种收藏品,都必须了解相关知识。

(1)艺术品

艺术品投资是一种中长期投资,其价值随着时间而提升。艺术品投资的收益率较高,但具有明显的阶段性。当某种艺术品体现出高收益的时候,其他投资者就会纷纷加入到这个市场中,使得收益率下降。

艺术品市场的分割状态严重,地域不同,艺术品价值有很大差异。艺术品投资与个人的偏好有很大关系,不同的艺术品对于不同的投资者来说,价值有较大差异。艺术品投资具有较大的风险,主要体现在流通性差、保管难、价格波动较大。

(2)古玩

一般而言,古玩包括玉器、陶瓷、古籍和古典家具、竹刻牙雕、文房四宝、钱币,有时也可外延至根雕、徽章、邮品、电话卡及一些民俗收藏品。

古玩投资的特点是:交易成本高、流动性低;投资古玩要有鉴别能力;价值一般较高,投资者要具有相当的经济实力。

(3)纪念币和邮票

纪念币是各国政府或中央银行为某一纪念题材而限量发行的具有一定面值的货币。由于纪念币是具有相应纪念意义的货币,因此,其价格构成除了货币的各项要素之外,还具有一定的收藏价值。

邮票的收藏和投资同收藏艺术品、古玩相比较,其特点是较为平民化,每个人都可以根据自己的财力进行投资。一般而言,邮票发行量固定,一套邮票只会越来越少,随着需求增加,价格便随之上升,而且一般平稳上升,较少出现大起大落的情况。邮票投资的盈利性大于其风险性,且其风险低于股票等证券产品。邮票投资增值多少取决于时间的长短,如果有正确的眼光和足够的耐心,可获得较稳定的收益。

(4)收藏品价格影响因素

①生产或开采能力。

②储藏量或再生速度。

③投资者喜好及追捧程度。

2.收藏品市场在个人理财中的运用

在国外,艺术品已与股票、房地产并列为三大投资理财对象。与其他投资理财行业相比,艺术品投资理财有以下优点:艺术品具有不可再生性,因而具有较强的保值功能,购买以后一般不会贬值。回报收益率高。

经典例题

69.【单选题】以下有关黄金价格的说法中,错误的是(　　)。

A.黄金价格与其他竞争性投资收益率成反向关系

B.国际局势紧张时,黄金价格会上升

C.一般而言,世界经济状况趋好,黄金首饰需求增加,将促使金价上升

D.美元的坚挺往往会推动金价的上涨

【答案】D

答案解析:一方面因为投资者会选择更多地持有美元,而减少对黄金的需求;另一方面也是因为国际市场上的黄金价格是以美元来标价的。因此,美元的坚挺会导致金价的下降。

70.【多选】下列关于黄金的表述,正确的有( )

A.一般而言,黄金流动性较其他证券类投资品差

B.一般而言,在通货膨胀时,黄金投资具有保值的作用

C.黄金具有内在价值和实用性,但也存在市场不充分风险和自然风险

D.黄金仍活跃在流通领域

E.美元走势会影响黄金价格

【答案】BCDE

71.【单选】下列关于黄金理财产品的特点,说法不正确的是( )。

A.抗系统风险的能力强

B.具有内在价值和实用性

C.存在市场不充分风险和自然风险

D.收益和股票市场的收益正相关

【答案】D

72.【单选】2010 年 4 月 17 日,国务院为了坚决遏制部分城市房价过快上涨,发布《国务院关于坚决遏制部分城市房价过快上涨的通知》简称“新国十条”,这主要体现了影响房地产价格的( )。

A.行政因素　　B.社会因素

C.经济因素　　D.自然因素

【答案】A

73.【2011 年真题,判断】利率的上升必然导致房地产价格的下降。( )

【答案】错误

74.【判断】房地产价格构成的基本要素有土地价格或使用费、房屋建筑成本、税金和利润等。( )

【答案】正确

75.【单选】房地产的投资方式不包括( )。

A.房地产租赁

B.申请房地产抵押贷款

C.房地产信托

D.房地产购买

【答案】B

76.【单选】房地产信托是指房屋所有者将房地产委托给信托公司,由信托公司按照委托人的要求进行( )。

A.物业经营

B.租赁、经营

C.租售

D.管理、处分和收益

【答案】D

77.【单选】下列关于房地产投资特点的表述,错误的是(　　)。

A.房地产投资可以使用高财务杠杆率

B.房地产价值受政策环境、市场环境和法律环境等因素的影响较大

C.一项房地产的估价等于持有房地产获得的现金流入的现值

D.房地产的流动性比证券类产品要弱

【答案】C

78.【多选】房地产投资的特点包括(　　)。

A.变现能力相对较差

B.价值升值效应

C.投资门槛相对较低

D.政策风险相对较大

E.财务杆杠效应

【答案】ABDE

79.【多选】影响房地产价格的因素包括(　　)。

A.风俗因素

B.物价水平

C.位置环境

D.城市规划

E.利率水平

【答案】ABCDE

80.【多选】一般来说,下列因素中可能会导致房地产价格升高的有(　　)。

A.房地产周边交通状况大幅改善

B.土地供给减少

C.居民收入下降

D.房地产需求下降

E.经济衰退

【答案】AB

81.【单选】收藏品的投资在国内越来越盛行,下列关于收藏品投资的说法,不正确的是(　　)。

A.流动性较差

B.价格波动主要受市场偏好的影响

C.需要投资者有相当高程度的鉴别能力

D.收益率较高,适合普通投资者的投资理财

【答案】D

82.【判断】银行为了规避外汇风险,可以通过银行同业间的交易,“轧平”外汇头寸。(　　)

【答案】正确

83.【2010年真题,单选】非常保守型的投资者通常不会选择的投资理财工具是(　　)。

A.储蓄

B.国债

C.保本型理财产品

D.期货

【答案】D

84.【单选】下列投资方式中由左到右风险依次降低的选项是(　　)。

A.股票基金、政府债券、股票储蓄

B.政府债券、股票、股票基金、储蓄

C.股票、股票基金、政府债券、储蓄

D.股票、政府债券、股票基金、储蓄

【答案】C

85.【单选】以下债券中风险最高的是(　　)。

A.国债

B.金融债

C.公司债

D.垃圾债券

【答案】D

第四章 理财产品概述

【考点图示】

- 熟悉银行理财产品的要素类型、分类及特点
  - 1.要素所含的信息
  - 2.市场发展的四个阶段
  - 3.产品分类的四个标准及明细
  - 4.7 种理财产品的介绍
  - 5.代理理财产品的类型及销售基本原则
- 掌握基金的分类及特点
  - 1.概念
  - 2.特点(5 个)
  - 3.分类(6 种方式)
  - 4.特殊基金
  - 5.流动性
  - 6.收益
- 掌握银行代理保险产品的分类及特点
  - 1.概念
  - 2.范围
  - 3.产品类型
- 掌握国债的分类及特点
  - 1.概念
  - 2.种类
  - 3.流动性
  - 4.收益
  - 5.风险
- 掌握信托产品的分类及特点
  - 1.定义
  - 2.特点
  - 3.种类
  - 4.流动性
  - 5.收益
  - 6.风险
- 熟悉贵金属产品的分类及特点
  - 1.业务种类
  - 2.黄金 T+D 产品
  - 3.流动性
  - 4.收益
  - 5.风险
- 了解券商资产管理计划
  - 限定性资产管理计划和非限定资产管理计划的分类
- 熟悉股票、中小企业私募债、基金子公司产品和合伙制私募基金等理财产品的相关内容
  - 1.股票的分类、发行、交易、投资
  - 2.中小企业私募债的发行要求、优势、投资要求、特征、投资模式
  - 3.基金子公司的类型、特征、投资注意事项
  - 4.合伙制私募基金的定义、运作机制、设立、投资要关注的事项

理财产品概述

【知识点】一、银行理财产品概述

(一)银行理财产品要素类型

银行理财产品要素所包含的信息可以分为三大类:产品开发主体信息、产品目标客户信息和产品特征信息。

其中产品开发主体信息包括发行人、托管机构和投资顾问等与产品开发相关的主体;产品目标客户信息是产品的销售对象,包括适合的客户群特征,如客户风险承受能力、客户资产规模、客户在银行的等级、产品发行地区、资金门槛(起售金额)和最小递增金额等;产品特征信息包括产品标的资产类型、风险等级、委托币种、产品结构、收益类型、交易类型、预期收益率、银行终止权、客户赎回权、委托期限、起息日期、到期日期、付息日期、起售日等。

(二)银行理财产品发展概述

我国银行理财产品市场的发展大致可以分为四个阶段。

第一阶段为2005年11月以前。这一阶段属于银行理财产品市场的萌芽阶段,主要特点为产品发售数量较少、产品类型单一和资金规模较小等。

第二阶段为2005年11月至2008年中期。这一阶段属于银行理财产品市场的发展阶段,主要特点为产品数量飙升、产品类型日益丰富和资金规模屡创新高等。

第三阶段为2008年中期至2011年底。这一阶段属于银行理财产品市场的规范阶段,主要特点是受全球性金融危机影响,理财产品零/负收益和展期事件的不断暴露,法律法规的密集出台等。

第四阶段为2012年至今。这一阶段是银行理财产品市场改革和深化发展阶段。

经典例题

1.【多选】银行理财产品要素所包含的信息可以分为(　　)。

A.产品开发主体信息

B.产品开发背景信息

C.产品目标客户信息

D.产品推广方案

E.产品特征信息

【答案】ACE

解析:银行理财产品要素所包含的信息可以分为三大类:产品开发主体信息、产品目标客户信息和产品特征信息。

【知识点】二、银行理财产品分类及特点

(一)银行理财产品分类

1.按照产品风险分类

根据中国银行业协会印发的《商业银行理财客户风险评估问卷基本模板》说明，理财产品按照风险分类有以下几种：

(1)极低风险产品：经各行风险评级确定为极低风险等级产品，包括各种保证收益类产品，或者保证本金，且预期收益不能实现概率极低的产品；

(2)低风险产品：经各行风险评级缺点为低风险等级产品，包括本金安全，且预期收益不能实现的概率低的产品；

(3)中等风险产品：经各行风险评级确定为中等风险等级产品，该类产品本金亏损的概率较低，但预期收益存在一定的不确定性；

(4)较高风险产品：经各行风险评级确定为较高风险等级产品，存在一定的本金亏损风险，收益波动性较大；

(5)高风险产品：经各行风险评级确定为高风险产品，本金亏损概率较高，收益波动性大。

按照适合性原则，这些投资不同风险等级产品的投资者应具有不同等级的风险偏好和承受能力。

表 4-1 投资者风险承受能力分类

对应风险承受能力	投资者类型	适合的理财产品
风险承受能力极低	保守型	低风险
风除承受能力较低	谨慎型	低风险、中低风险
风险承受能力一般	稳健型	低风险、中低风险、中风险
风险承受能力较高	积极型	低风险、中低风险、中风险、中高风验
风险承受能力很高	激进型	低风险、中低风险、中风险、中高风险、高风险

2.按照理财产品投资标的分类

按照投资标的，理财产品主要可分为以下几类：货币型理财产品、债券型理财产品、股票类理财产品、组合投资类理财产品、结构性理财产品、QDII 基金挂钩类理财产品、另类理财产品和其他理财产品。其中货币类理财产品挂钩于利率、外汇等，信贷类挂钩于信用，组合投资类和结构性产品挂钩类别较多。

3.按照交易类型分类

银行理财产品按交易类型可分为两类：开放式产品和封闭式产品。与基金类似，开放式产品是总体份额与总额金额都是可变的，即可以随时根据市场供求情况发行新份额或被投资者赎回的理财产品。而封闭式产品是总体份额在存续期内不变，而总体金额可能变化的理财产品。对于封闭式产品，投资者在产品存续期既不能申购也不能赎回，或只能赎回不能申购的理财产品。

4.按照发行期次分类

银行理财产品按期次性可分为两种：期次类和滚动发行。期次类产品只在一段销售时间内销售，比如委托期为一周或一年的产品，到期后利随本清，产品存续期结束；而滚动发行产品，比如每月滚动销售的产品，是采取循环销售的方式，这样投资者可以进行连续投资，拥有更多的选择机会。在滚动发行的理财产品中，一些银行为了方便客户，通过一次性签约形式自动实现产品的滚动购买。

(二)部分银行理财产品简介

1.货币型理财产品

货币型理财产品是投资于货币市场的银行理财产品。它主要投资于信用级别较高、流动性较好的金融工具,包括国债、金融债、中央银行票据、债券回购,高信用级别的企业债、公司债、短期融资券,以及法律法规允许投资的其他金融工具。

这些金融工具的市场价格与利率高度相关,因此属于挂钩利率类理财产品。货币型理财产品具有投资期短,资金赎回灵活,本金、收益安全性高等主要特点。该类产品通常被作为活期存款的替代品。由于货币型理财产品的投资方向是具有高信用级别的中短期金融工具,所以其信用风险低,流动性风险小,属于保守、稳健型产品。

2.债券型理财产品

债券型理财产品是以国债、金融债和中央银行票据为主要投资对象的银行理财产品,也属于挂钩利率类理财产品。债券型理财产品的特点是产品结构简单、投资风险小、客户预期收益稳定。债券型理财产品的市场认知度高,客户容易理解。

目前,商业银行推出的债券型理财产品的投资对象主要是国债、金融债和中央银行票据等信用等级高、流动性强、风险小的产品,因此其投资风险较低,收益也不高,属于保守、稳健型产品。目前,对于投资者而言,购买债券型理财产品面临的最大风险来自利率风险、汇率风险和流动性风险。

3.股票类理财产品

股票(或股权)类理财产品品种比较多,其中包括商业银行推出的一些 FOF(基金中的基金)产品、私募理财产品等,这些产品都是部分或者全部投资于股票(或股权)的理财产品,风险相对较大。

4.组合投资类理财产品

组合投资类理财产品通常投资于多种资产组成的资产组合或资产池,其中包括:债券、票据、债券回购、货币市场存折放交易、新股申购信托计划、信贷资产类信托计划以及他行理财产品多种,同时发行主体往往采用动态的投资组合管理方法和资产负债管理方法对资产池进行管理。

5.结构性理财产品

结构性理财产品是运用金融工程技术,将存款、零息债券等固定收益产品与金融衍生品(如远期、期权、掉期等)组合在一起而形成的一种金融产品。结构性理财产品的回报率通常取决于挂钩资产(挂钩标的)的表现。根据挂钩资产的属性,大致可以细分为外汇挂钩类、利率/债券挂钩类、股票挂钩类、商品挂钩类及混合类等。

6.外汇挂钩类理财产品

外汇挂钩类理财产品的回报率取决于一组或多组外汇的汇率走势,即挂钩标的是一组或多组外汇的汇率,如美元/日元,欧元/美元等。对于这样的产品我们称为外汇挂钩类理财产品。通常,挂钩的一组或多组外汇的汇率大都依据东京时间下午 3 时整在路透社或彭博社相应的外汇展示页中的价格而厘定。

7.QDII 基金理财产品

QDII 即合格境内机构投资者,它是在一国境内设立,经中国有关部门批准从事境外证券市场的股票、债券等有价证券业务的证券投资基金。QDII 意味着将允许内地居民使用外汇投资境外资本市场,QDII 将通过中国政府认可的机构来实施。

QDII 挂钩标的范围比较广,比较典型的有:①基金。②交易所上市基金(ExchangeTradedFuild, ETF):ETF 在本质上是开放式基金,与现有开放式基金没什么本质的区别。但其本身有三个鲜明特征:它可以在交易所挂牌买卖,投资者可以像交易单只股票、封闭式基金那样在证券交易所直接买卖 ETF

份额；ETF 基本是指数型开放式基金，但与现有的指数型开放式基金相比，其最大优势在于，它在交易所挂牌，交易非常便利；其申购赎回也有自己的特色，投资者只能用与指数对应的一篮子股票申购或者赎回 ETF，而不足现有开放式基金的以现金申购赎回。

8.另类理财产品

另类资产是指除传统股票、债券和现金之外的金融资产和实物资产，如房地产、证券化资产、对冲基金、私募股权基金、大宗商品、巨灾债券、低碳产品、酒和艺术品等。

对另类资产的投资称为另类投资，较传统投资而言，有两个方面的区别与联系：其一，交易策略上，除采用传统投资的买进并持有策略外，为规避资产深幅下跌风险，另类投资还可采用卖空策略；其二，操作方式上，传统投资的投资资金以本金作为最大约束上限，而另类投资则可以采用杠杆投资策略，以实现以小博大的投资目的。

较传统投资而言，另类投资的主要优点有：第一，另类资产多属于新兴行业或领域，未来潜在的高增长也将会给投资者带来潜在的高收益；第二，另类资产与传统资产以及宏观经济周期的相关性较低，大大提高了资产组合的抗跌性和抗周期性；第三，有些另类投资产品为客户提供以现金形式或实物形式获取投资本金收益的选择权，通过投资这类产品客户也可以获取某些相对较为稀缺的实物资产。

产品风险：在进行另类资产投资时，除需承担传统的信用风险、市场风险和周期风险等风险外，还有如下几个方面的风险：首先，投机风险。其次，小概率事件并非不可能事件。再次，损失即高亏的极端风险。最后，另类资产损毁风险。

经 典 例 题

2.(　　)是目前国际间最重要和最常用的市场基准利率。

A.纽约银行同业拆放利率

B.伦敦银行同业拆放利率

C.东京银行同业拆放利率

D.香港银行同业拆放利率

【答案】B

答案解析：伦敦银行同业拆放利率(LIBOR)是目前国际间最重要和最常用的市场基准利率。

3.货币型理财产品具有投资期限(　　)，资金赎回(　　)，本金、收益安全性高等主要特点。

A.短，灵活

B.长，不灵活

C.短，不灵活

D.长，灵活

【答案】A

答案解析：货币型理财产品具有投资期限短，资金赎回灵活，本金、收益安全性高等主要特点。

4.下列关于另类投资的说法错误的是(　　)。

A.对另类资产的投资称为另类投资

B.另类投资可以采用杠杆投资策略，以实现以小博大的投资目的

C.另类资产多属于新兴行业或领域

D.另类资产与宏观经济周期的相关性较强

【答案】D

5.在外汇理财产品中,(　　)是指将基础产品如储蓄、浮动收益产品等,与利率期权、汇率期权等相结合,并在合约中体现这种期权的复合产品。

A.结构类投资工具

B.浮动收益类产品

C.实盘外汇买卖

D.期权类产品

【答案】A

6.增强型新股申购理财产品是以(　　)为主要申购对象的理财产品。

A.新股、可转债、认股权证

B.可转债、可分离债、认股权证

C.新股、可转债、可分离债

D.新股、可分离债、认股权证

【答案】C

答案解析:增强型新股申购理财产品的申购对象主要有:新股和可转债、可分离债。

7.债券挂钩类理财产品主要是指在(　　)和(　　)上进行交换和交易,并由银行发行的理财产品。

A.货币市场,债券市场

B.期货市场,债券市场

C.股票市场,债券市场

D.金融衍生品市场,货币市场

【答案】A

答案解析:债券挂钩类理财产品主要是指在货币市场和债券市场上进行交换和交易,并由银行发行的理财产品。

8.下列对理财产品特点的描述,属于货币型理财产品特点的有(　　)。

A.投资期限短

B.本金、收益安全性高

C.市场认知度高

D.当今国际金融市场上最具有潜力的业务之一

E.通常被作为活期存款的替代品

【答案】ABE

9.下列关于债券型理财产品的表述,正确的有(　　)。

A.债券型理财产品是以国债、金融债和中央银行票据为主要投资对象的银行理财产品

B.债券型理财产品资金主要投向银行间债券市场、国债市场和企业债市场

C.对于投资者而言,购买债券型理财产品面临的最大风险来自利率风险和流动性风险

D.债券型理财产品的特点是产品结构简单、投资风险小、客户预期收益稳定

E.其目标客户主要为风险承受能力较低的投资者

【答案】ABDE

10.投资结构性外汇理财产品的客户面临的风险由下列哪些因素导致(　　)。

A.市场利率和外汇市场汇率波动

B.提前终止权掌握在银行手里

C.债券市场投资者信心不足

D.不能提前支取,可能导致很高的机会成本

E.股票市场价格指数波动

【答案】ABD

11.利率挂钩结构性金融衍生品的种类有(　　)。

A.与利率正向挂钩产品

B.利率期货产品

C.与利率反向挂钩产品

D.区间累计产品

E.达标赎回型产品

【答案】ACDE

12.按是否保障本金划分,股票挂钩类理财产品可分为(　　)。

A.保本浮动收益型

B.不保障本金型

C.非保本浮动收益型

D.保障本金型

E.期次型和滚动型

【答案】BD

13.银行理财产品的托管机构一般由基金公司、证券公司、信托公司等担任。(　　)

A.正确

B.错误

【答案】B

答案解析:资产托管人主要由符合特定条件的商业银行担任

14.结构性理财产品可以提前终止,其流动性优于其他的银行理财产品。(　　)

A.正确　　B.错误

【答案】B

15.一般来说,商业银行推出的人民币理财计划等结构性金融衍生品的流动性都比较好。(　　)

A.正确　　B.错误

【答案】B

16.通常,LIBOR报出的利率为隔夜、7天、1个月、3个月、6个月和1年期的。(　)

A.正确

B.错误

【答案】A

【知识点】三、银行代理理财产品概述

银行代理服务类业务(以下简称代理业务),指银行在其渠道代理其他企业、机构组织的、不构成商业银行表内资产负债业务、给商业银行带来非利息收入的业务。

(一)银行代理理财产品类型

银行代理理财产品类型比较多,其中包括基金、保险、国债、信托产品、贵金属以及券商资产管理计划等。

(二)银行代理理财产品销售基本原则

1.适当性原则

2.客观性原则

3.避免利益冲突原则

经典例题

17.下列属于银行代理类理财产品的有(　)

A.基金

B.保险

C.债券型理财产品

D.货币型理财产品

E.信托

【答案】ABE

【知识点】四、基金

(一)基金的概念及特点

1.概念

基金是通过发行基金份额或收益凭证,将投资者分散的资金集中起来,由专业管理人员投资于股票、债券或其他金融资产,并将投资收益按持有者投资份额分配给持有者的一种利益共享、风险共担的金融产品。

2.基金具有以下几个特点

(1)集合理财、专业管理

(2)组合投资、分散投资

(3)利益共享、风险共担

利益共享是指基金投资者是基金的所有者，基金的投资收益在扣除由基金承担的费用后，盈余全部归基金投资者所有，并根据投资者持有的基金份额进行分配。风险共担是指基金管理人一般不承担投资损失，由基金投资者根据持有的基金份额比例承担投资风险。

(4)严格监管、信息透明

(5)独立托管、保障安全

基金管理人不参与基金财产的保管，基金财产的保管由独立于基金管理人的基金托管人负责。

(二)基金的分类

1.基金按照收益凭证是否可以赎回，分为开放式基金和封闭式基金。两者的区别如表4-2所示。

表4-2 封闭式基金与开放式基金特征比较

	封闭式基金	开放式基金
交易场所	沪、深证券交易所	基金管理公司或银行等代销机构网点，部分基金可以在交易所上市交易
基金存续期限	有固定期限	没有固定期限
基金规模	固定额度，一般不能再增加发行	规模不固定，但有最低规模要求
赎回限制	在期限内不能直接赎回基金，须通过上市交易套现	可以随时提出购买或赎回申请
价格决定因素	交易价格主要由市场供求关系决定	价格依据基金的资产净值而定
分红方式	现金分红	现金分红、再投资分红
投资策略	不可赎回，无须提取准备金，能够充分运用资金，进行长期投资，取得长期经营绩效	随时面临赎回压力，须更注重流动性等风险管理，进行长期投资会受到一定限制；要求基金管理人具有更高的投资管理水平
信息披露	单位资产净值每周至少公告一次	单位资产净值于每个开敢日进行公告

2.按照投资对象不同，基金可以为股票型基金、债券型基金、混合型基金、货币市场基金。

60%以上的基金资产投资于股票的，为股票基金，具有高风险、高收益的特征；80%以上的基金资产投资于债券的，为债券基金，具有较低风险、较低利益的特征；仅投资有货币市场工具的，为货币市场基金，具有低风险、低收益、高流动性的特征；投资于股票、债券和货币市场工具，并且股票投资和债券投资的比例不符合前述规定的，为混合基金，通过不同资产类别的配置投资，实现风险和收益上的平衡。

3.根据投资目标的不同，基金可分为成长型基金、收入(收益)型基金和平衡型基金。

成长型基金与收入型基金的区别：

(1)投资目的不同。成长型基金重视基金的长期成长，强调为投资者带来经常性收益；收入型基金强调基金单位价格的增长，使投资者获取稳定的、最大化的当期收入。

(2)投资工具不同。成长型基金投资对象常常是风险较大的金融产品；收入型基金投资对象一般为风险较小、资本增值有限的金融产品。

(3)资产分布不同。成长型基金资产中，现金持有量较小，大部分资金投资于资本市场；收入型基金现金持有量较大，投资倾向多元化，注重分散风险。

(4)派息情况不同。成长型基金一般不会直接将股息分配给投资者，而是将股息再投资于市场，以追求更高的同报率；收入型基金一般按时派息，使投资者有固定的收入来源。

平衡型基金的资产构造则既要获得一定的当期收入，又要追求组合资产的长期增德。

4.依据投资理念不同，基金可以分为主动型基金和被动型基金。主动型基金是通过主动管理，力求取得超越基金组合表现的基金;被动型基金一般不主动寻求超越市场的表现,一般选取特定指数作为跟踪对象,以复制跟踪对象的表现,因此,被动型基金通常被称为"指数基金"。

5.基金还可以根据募集方式不同,分为公募基金和私募基金;根据基金法律地位的不同,可分为公司型基金和契约型基金,两者的区别如表 4-3 所示。

表 4-3 公司型基金与契约型基金特征比较

	公司型基金	契约型基金
法律依据	依据公司法组建,依据公司章程经营基金资产	依照基金契约组建,依据基金契约经营基金资产
实体地位	具有法人资格的股份有限公司	不具有法人资格
投资者地位	投资者作为公司的股东有权对公司的重大经营决策发表自己的意见	投资者是信托契约中规定的受益人,对基金运用没有发言权
融资渠道	在需要扩大规模、增加资产时可以向银行申请贷款	一般不向银行借款
资金运营	除非到破产、清算阶段,否则公司一般具有永久性	基金契约期满,基金运营停止

(三)特殊类型基金

基金相关产品非常丰富,其中包括基金中的基金 FOF (Fund of Fund)、交易型开放式指数基金 ETF(Exchange Traded Fund)、上市开放式基金 LOF(Listed Open-Ended Fund)、QDII 基金和基金"一对多"专户理财等。

FOF 是一种专门投资于其他证券投资基金的基金,它并不直接投资股票或债券,其投资范围仅限于其他基金,通过持有其他证券投资基金而间接持有股票、债券等证券资产,它是结合基金产品创新和销售渠道创新的基金新品种。

ETF 是一种跟踪"标的指数"变化且在交易所上市的开放式基金,投资者可以像买卖股票那样买卖。ETF,从而实现对指数的买卖。因此,ETF 可以理解为"股票化的指数投资产品"。

与 ETF 不同的是,LOF 的申购、赎回都是基金份额与现金的交易,可在代销网点进行;而 ETF 的申购、赎回则是基金份额与一篮子股票的交易,且通过交易所进行。

QDII 基金是指在一国境内设置、经批准可以在境外证券市场进行股票、债券等有价证券投资的基金。

(四)基金的流动性及收益情况

1.基金的流动性

开放式基金通过申购和赎回实现转让,流动性强,但须支付一定的手续费。不同的基金具有不同的流动性,从基金赎回角度来看,货币型基金的流动性较高,一般是 T+1 或 T+2 到账,债券型基金一般为 T+2 或 T+3 到账,而股票型基金一般为 T+4 或 T+5 到账。

2.基金的收益

债券型、混合型、股票型基金根据类别与基金契约的不同,其资产主要投资于国债和股票,以及存放于银行。

证券投资基金的收益主要有:

(1)证券买卖差价,也称资本利得。

(2)红利收入,即因持有股票而享有的净利润分配所得。

(3)债券利息,即基金因投资债券而获得的定期利息收入。

(4)存款利息收入,即基金资产的银行存款利息收入。

基金可分配收益也称基金净收益，是基金收益扣除按照国家规定可以扣除的费用等项目后的余额。基金收益分配一般有分配现金(现金分红)和分配基金单位(红利再投资)两种形式。

货币市场基金被称为准储蓄,它可以给中小投资者带来相对安全的增值收益,同时又与一般开放式基金一样有较好的流动性,几乎与银行的活期储蓄同样便利。货币市场基金也具有一定的风险性。

影响基金类产品收益的因素主要来自两方面:

一是来自基金的基础市场,即基金所投资的对象产品,如债券、股票、货币市场工具等。这些基础市场的行情波动对基金的收益有很大影响。

二是来自基金自身的因素,如基金管理公司的资产管理与投资策略、基金管理人员的业务素质、道德水平、研究团队的研究实力、基金经理的投资管理能力、基金管理公司的整体业务运行情况等。

一般而言,各类基金的收益特征由高到低的排序依次是:股票型基金、混合型基金、债券型基金和货币市场型基金。

(五)基金的风险及法律约束

基金的风险是指购买基金遭受损失的可能性。基金损失的可能性取决于基金资产的运作。投资基金的资产运作风险也包括系统性风险和非系统性风险。尽管基金通过组合投资分散风险,但基金的资产运作无法消灭风险,并且可能由于基金管理人运作不当加剧亏损。

经典例题

18.按收益凭证是否可以随时申购、赎回,可以将证券投资基金划分为(　　)。

A.成长型基金、收入型基金和平衡型基金

B.公司型基金和契约型基金

C.开放式基金和封闭式基金

D.主动型基金和被动型基金

【答案】C

答案解析:A 按投资对象不同,B 按基金法律地位不同,D 按投资理念不同

19.我国市场的证券投资基金均为(　　)。

A.公司型基金

B.契约型基金

C.开放式基金

D.凭证式国债

【答案】B

20.关于封闭式证券投资基金与开放式证券投资基金的区别,下列表述错误的是(　　)。

A.开放式基金的价格是以基金的资产净值为基础确定的,而封闭式基金的价格由市场供求关系确定

B.对于开放式基金,投资者可以随时申购或赎回份额,而对于封闭式基金则不可赎回

C.开放式基金的全部资金都用于证券投资,封闭式基金则保有一部分现金

D.开放式基金的份额是可变的,而封闭式基金的份额是不变的

【答案】C

21.商业银行开展代销证券投资基金属于商业银行的(　　)。

A.资产业务　　B.存款业务

C.负债业务　　D.中间业务

【答案】D

22.注重基金的长期成长,强调为投资者带来经常性收益的是(　　)。

A.收入型基金

B.指数型基金

C.成长型基金

D.平衡型基金

【答案】C

23.下列关于基金申购的说法,错误的是(　　)。

A.基金申购是指投资者在开放式基金募集期间申请购买基金份额的行为

B.投资者可以在银行和基金公司的网站上进行基金申购

C.投资者于T日申购基金成功后,正常情况下,T+2日起可赎回该部分基金份额

D.基金申购采取“未知价”原则

【答案】A

24.开放式基金申购采取(　　)原则,投资者申购以(　　)的基金份额净值为基础计算申购份额。

A.已知价,申购日(T日)

B.未知价,申购前一日(T-1日)

C.已知价,申购前一日(T-1日)

D.未知价,申购日(T日)

【答案】D

25.理论上,货币市场基金可以投资(　　)等金融工具。

A.大额可转让定期存单

B.长期国债

C.普通股

D.短期融资券

E.银行承兑汇票

【答案】ADE

26.交易所上市基金(ETF)的特征主要有(　　)。

A.它可以在交易所挂牌买卖

B.申购和赎回只能用一篮子股票

C.ETF在本质上是开放式基金

D.只能用现金赎回

E.ETF投资策略是被动投资管理

【答案】ABCE

27.成长型基金比较适合于退休的、以获得稳定现金流为目的的稳健投资者。( )

A.正确 B.错误

【答案】B

答案解析:成长型:重视基金的长期成长,强调为投资者带来经常性收益,适合追求高投资回报的投资者;收入型:强调基金单位价格的增长,获取稳定的、最大化的当期收入,适合保守的投资者和退休人员

28.基金资本来源于国外,并投资于国外证券市场的投资基金是QDII基金。( )

A.正确

B.错误

【答案】B

答案解析:合格境内机构投资者。一国境内设立,经中国有关部门批准从事境外证券市场的股票、债券等有价证券业务的证券投资基金

【知识点】五、保险

(一)银行代理保险的概念

保险代理人是根据保险人的委托,向保险人收取佣金,并在保险人授权的范围内代为办理保险业务的机构或者个人。保险代理机构包银行是中国保险市场上最重要的保险兼业代理机构之一。银行代理包括专门从事保险代理业务的保险专业代理机构和兼业代理机构。

2.银行代理保险的范围

银行主要代理的险种包括人身保险和财产保险。目前占据市场主流的险种主要是人身保险新型产品中的分红险和万能险,这些产品大部分设计比较简单,标准化程度较高,在能提供一定保障的同时兼有储蓄的投资功能。此外,财产险也是目前各家银行大力发展的险种,主要包括房贷险、企业财产保险、家庭财产险等。

通过商业银行网点直接向客户销售保险产品的人员, 应当是持有保险代理从业人员资格证书的银行销售人员。其中,投资连结保险销售人员应至少有1年以上的保险销售经验,接受过不少于40小时的专项培训,并无不良记录。

(二)银行代理保险产品主要类型介绍

1.人身保险新型产品

人身保险新型产品主要包括分红险、万能保险和投连险。

(1)分红险

分红险指保险公司将其实际经营成果优于定价假设的盈余, 按照一定比例向保单持有人进行分配的人寿保险。

分红险的收益来源于死差益、利差益和费差益所产生的可分配盈余。保险公司在厘定费率时要考虑预定死亡率、预定投资回报率和预定营运管理费用三个因素,而费率一经厘定,不能随意改动。

按照中国保监会《个人分红保险精算规定》,保险公司每一会计年度向保单持有人实际分配盈余的比例不低于当年可分配盈余的70%。

红利分配有两种方式,即现金红利和增额红利。现金红利是直接以现金的形式将盈余分配给保单

持有人。增额红利是指整个保险期限内每年以增加保险金额的方式分配红利。

(2)万能保险

万能保险是一种交费灵活、保额可调整、非约束性的寿险。具体定义为:包含保险保障功能并设立有单独保单账户的人身保险产品。除了支付某一个最低金额的第一期保险费以后,投保人可以在任何时间支付任何金额的保险费,并且任意提高或者降低死亡给付金额,只要保单积存的现金价值足够支付以后各个期的成本和费用就可以。客户缴纳的保险费被分成两部分:一部分同传统寿险一样,位客户提供生命保障;另一部分将进入其个人账户,由专家进行稳健投资。

万能保险保单可以收取的费用包括初始费用、风险保险费、保单管理费、部分领取手续费、退保费用。根据产品的不同,上述费用的收取也存在差异。保险公司为万能保险设立单独账户,提供一个最低保证利率,当单独账户的实际收益率低于最低保证利率时,万能保险的结算利率应当是最低保证利率。

(3)投连险

投资连结保险(以下简称投连险),是一种寿险与投资相结合的新型寿险产品。根据中国保险监管机构的规定,投连险是指包含保险保障功能并至少在一个投资账户拥有一定资产价值的人身保险产品。未来投资收益具有一定的不确定性,有可能面临亏损。

投连险的费用主要包括初始保费、风险保险费、账户转换费用、投资单位买卖差价、资产管理费、部分支取和退保手续费等。

2.财产险

银行代理财产险主要包括家庭财产险、房贷险和企业财产保险。

(1)家庭财产险

家庭财产保险是以公民个人家庭生活资料作为保险标的的保险。家庭财产保险可分为普通消费型家财保险、长效还本家财保险等。

(2)房贷险

个人抵押商品住房保险(以下简称房贷险),包含对抵押商品住房本身的家庭财产保险,也包括对借款人本人的借款人意外险。房贷险将银行作为保单第一受益人,保险金额不高于银行抵押贷款余额,保险期间不长于抵押贷款期限。

(3)企业财产保险

企业财产保险是指以投保人存放在固定地点的财产和物资作为保险标的的一种保险,保险标的的存放地点相对固定,处于相对静止状态。

经典例题

29.财产险包括(　　)。

A.企业财产险

B.家庭财产险

C.万能险

D.房贷险

E.投连险

【答案】ABD

30.目前银行可代理的险种包括(　　)。

A.房贷险

B.家庭财产险

C.万能险

D.分红险

E.投连险

【答案】ABCDE

31.目前商业银行代理销售的险种包括寿险和财险,其中占据个人保险市场主流的三大险种包括寿险中的分红险、投连险和财险中的房贷险。(　　)

A.正确　　B.错误

【答案】B

32.总体而言,保险更注重的是保障,而非投资增值。(　　)

A.正确　　B.错误

【答案】A

【知识点】六、国债

(一)银行代理国债的概念及种类

1.概念

国债是国家信用的主要形式。我国的国债专指财政部代表中央政府发行的国家公债,由于以国家财政信誉作担保,国债的信誉度非常高,其收益率一般被看做是无风险收益率,是金融市场利率体系中的基准利率之一。

2.种类

目前银行代理国债的种类有三种:凭证式国债、电子式储蓄国债和记账式国债。

凭证式国债是一种国家储蓄债,可记名、挂失,以"凭证式国债收款凭证只记录债权,不能上市流通,从购买之日起计息。在持有期内,持券人如遇特殊情况需要提取现金,可以到购买网点提前兑取。提前兑取时,除偿还本金外,利息按实际持有天数及相应的利率档次计算,经办机构按兑付本金的收取手续费。

电子式储蓄国债是财政部在境内发行的,以电子方式记录债权的不可流通人民币债券。它只面向境内个人投资者发售,企事业单位和行政机关等机构投资者不能购买。相较凭证式国债,由于电子式储蓄国债以电子方式记录债权,因此在便捷性方面有很大提高,但是需要投资者开立个人国债托管账户,并指定对应的资金账户。

记账式国债以记账形式记录债权,通过银行间市场或证券交易所的交易系统发行和交易,可以记名、挂失。投资者进行记账式证券买卖,必须在银行间市场或证券交易所设立账户。由于记账式国债的发行和交易均无纸化,所以效率高、成本低、交易安全。

(二)国债的流动性及收益情况

1.流动性

国债一般到期才能够还本,即使如记账式国债在二级市场交易,但是银行间债券市场或交易所债券市场的交易活跃度通常不如股票市场,因此,债券的流动性一般弱于股票。在债券产品中,由于国债在信用资质上的优势,且国债总体市场规模较高,因此国债的流动性一般高于公司债券,另外,短期国债的流动性好于长期国债。

2.收益情况

"相对于现金存款或货币市场金融工具,投资国债获得的收益更高,而相对于股票、基金产品,投资国债的风险又相对较小。

债券的收益主要来源于利息收益和价差收益。

(三)银行代理国债的风险及法律约束

债券投资的风险因素有价格风险、再投资风险、违约风险、赎回风险、提前偿付风险和通货膨胀风险。

1.价格风险

价格风险也叫利率风险,是指国债的市场利率变化对债券价格的影响。一般来说,债券价格与利率变化成反比,当利率上涨时,债券价格下跌。债券的到期时间越长,所面临的利率风险越大。

2.再投资风险

再投资风险也是由于市场利率变化而使债券持有人面临的风险。当市场利率下降,短期债券的持有人若进行再投资,将无法获得原有的较高息票率,这就是再投资风险。利率风险和再投资风险是此消彼长的关系。短期债券虽然所面临的利率风险较低,但却面临较高的再投资风险,长期债券虽然所面临的再投资风险较低,但却面临较高的利率风险。

3.违约风险

违约风险又称信用风险,是债券发行者不能按照约定的期限和金额偿还本金和支付利息的风险。一般来说,国债的违约风险最低,因此一般也被称为无风险债券,公司债券的违约风险相对较高。公司债券的违约风险一般通过信用评级表示。

4.赎回风险

赎回风险是附有赎回条款的债券所面临的特有风险,一般来说,此类债券面临三项风险因素:

(1)赎回权的债券的未来现金流量不能预知,增加了现金流的不确定性

(2)因为发行者可能在利率下降时赎回债券,投资者不得不以较低的市场利率进行再投资,由此蒙受在投资风险;

(3)由于赎回价格的存在,附有赎回债券的潜在资本增值有限。同时赎回债券增加了投资者的交易成本,从而降低了投资收益率。

5.提前偿付风险

提前偿付风险是附有提前偿付条款的债券所面临的特有风险。提前偿付是一种本金偿付额超过预定分期本金偿付额的偿付方式。提前偿付风险类似于赎回风险。如果利率下降,债券的提前偿付就会使投资者面临再投资风险。

6.通货膨胀风险

对于中长期债券而言,债券货币收益的购买力有可能随着物价的上涨而下降,从而使债券的实际收益率降低,这就是债券的通货膨胀风险。

经典例题

33.债券投资的风险因素包括(　　)。

A.赎回风险

B.再投资风险

C.违约风险

D.利率风险

E.提前偿付风险

【答案】ABCDE

【知识点】七、信托产品

(一)银行代理信托产品的概念

信托是一种特殊的财产管理制度和法律行为,同时又是一种金融制度,信托与银行、保险、证券一起构成了现代金融体系。信托业务是一种以信用为基础的法律行为,一般涉及三方面当事人,即投入信用的委托人,受信于人的受托人,以及受益于人的受益人。

信托的法理与观点:信托财产的独立性、权利主体与利益主体相分离、责任有限性和信托管理连续性。

1.定义

银行代理信托类产品可以分为两种情况,其一是代理信托计划资金收付;其二是代为推介信托计划。

2.特点

(1)信托是以信任为基础的财产管理制度;

(2)信托财产权利主体与利益主体相分离;

(3)信托经营方式灵活、适应性强;

(4)信托财产具有独立性;

(5)信托管理具有连续性;

(6)受托人不承担无过失的损失风险;

(7)信托利益分配、损益计算遵循实绩原则;

(8)信托具有融通资金的职能。

3.种类

信托的种类是根据形式和内容的不同进行划分。

(1)按信托关系建立的方式可分为任意信托和法定信托。

(2)按委托人或受托人的性质不同可划分为法人信托和个人信托。

(3)按信托财产的不同可划分为资金信托、动产信托、不动产信托和其他财产信托等。

(二)信托类产品的流动性及收益情况

1.流动性

信托产品是为满足客户的特定需求而设计的,个性化较强,并且缺少转让平台,因而流动性比较差。

2.收益情况

信托机构根据信托合同约定管理和处理信托财产而获得的收益，全部归受益人所有。同时，信托机构根据信托合同约定处理受托财产而发生的亏损全部由委托者承担。

信托资产管理人的信誉状况和投资运作水平对资产收益有决定性影响。

(三)银行代理信托产品的风险及法律约束

由于信托风险较高，一般地方性监管机构对信托在本地的销售进行较为严格的控制，其中一些地方性监管机构严格限制信托在银行柜面进行代销。因此，银行代理信托往往采用信托代理资金收付的模式进行。

1.投资项目风险

2.项目主体风险

3.信托公司风险

4.流动性风险

经典例题

34.信托产品因为缺乏转让的平台而具有的风险称作(　　)。

A.流动性风险

B.投资项目风险

C.信托公司风险

D.项目主体风险

【答案】A

35.在银行代理的信托理财产品中，产品面临的风险主要有(　　)。

A.投资项目风险

B.项目主体风险

C.信托公司风险

D.银行信用风险

E.流动性风险

【答案】ABCE

【知识点】八、贵金属

(一)银行代理贵金属业务种类

1.条块现货

实物黄金主要形式有金条、金币和金饰等，市场参与者主要有黄金生产商、提炼商，投资者和其他需求方。投资黄金条块因规格大小而有不同门槛，但有保存不便和移动不易的缺点，放在家中，安全性差。

2.金币

金币有两种：纯金币和纪念金币。纯金币可以收藏也可以流通，变现不难，价格也随国际金价波动。纪念金币的价值受主题和发行量的影响较大,因此和鉴赏能力、题材炒作等高度相关,和金价的关联度反而较小。

3.黄金基金

黄金基金是将资金委托专业经理人全权处理,用于投资黄金类产品,成败关键在于经理人的专业知识、操作技巧以及信誉,属于风险较高的投资方式,适合喜欢冒险的积极型投资者。

4.纸黄金

纸黄金交易没有实物黄金介入,是一种由银行提供的服务,不涉及实物黄金的交收,交易成本更低。银行纸黄金让投资者免除了储存黄金的风险,也让投资者有随时提取所购买黄金的权利,或按当时的黄金价格,将账户里的黄金兑换成现金,通常也称为"黄金存折"。

(二)贵金属产品流动性和收益情况

1.流动性

对于投资者来说,黄金退出流通领域后,其流动性较其他证券类投资品差。国内黄金市场不充分,变现相对困难,有流动性风险。

2.收益情况

黄金和股票市场收益不相关甚至负相关,所以可以分散投资总风险,且价格会随着通货膨胀而提高,所以可以保值。

(三)贵金属产品风险及法律约束

1.政策风险。

2.价格波动的风险。

3.技术风险。

4.交易风险。

经典例题

36.下列黄金产品通常也称为"黄金存折"的是(　　)。

A.金币　　B.条块现货

C.实物黄金　　D.纸黄金

【答案】D

37.投资者在银行购买纸黄金,依据的价格是(　　)。

A.国际黄金现货价格

B.中国黄金期货交易所公布价格

C.银行公布的价格

D.银行和客户的协议价格

【答案】C

38.近年来,国际黄金价格一路走高,投资黄金看起来是一个非常不错的选择。下列关于黄金理财产品的特点,说法不正确的是(　　)。

A.面对通货膨胀的压力,黄金投资具有保值增值的作用

B.抗系统风险的能力强,所以任何情况下都可以无风险地投资黄金理财产品

C.影响黄金价格的直接因素有美元走势、通货膨胀、石油价格和国际金融市场的重大事件等

D.黄金的投资方式主要有:金块、金币、黄金基金和"纸黄金"

【答案】B

【知识点】九、券商资产管理计划

(一)银行代理券商资产管理计划种类

证券公司发行,投资者超过200人的集合资产管理计划将被定性为公募基金,纳入新《基金法》调整。修订后的《管理办法》及《集合细则》规范的证券公司资产管理计划,无论集合计划、定向计划和专项计划,均为私募理财产品。

(二)券商资产管理计划的流动性及收益情况

与基金类似,由于券商资产管理计划类型众多,产品的流动性也各异。产品的流动性和收益也和投资标的和交易结构息息相关。

经典例题

39.【判断】虽然券商资产管理计划类型众多,但是产品的流动性大体一致。( )

A.正确　　　　B.错误

【答案】B

解析:与基金类似,由于券商资产管理计划类型众多,产品的流动性也各异。

【知识点】十、股票

(一)股票的分类

根据股东享有权利和承担风险大小不同,股票分为普通股股票和优先股股票。

普通股是指在公司的经营管理和盈利及财产的分配上享有普通权利的股份,代表满足所有债权偿付要求及优先股东的收益权与求偿权要求后对企业盈利和剩余财产的索取权。在上海证券交易所和深圳证券交易所进行交易的股票都是普通股。普通股股东按其所持有股份比例享有以下基本权利:①公司决策参与权;②利润分配权;③优先认股权;④剩余资产分配权。

优先股在利润分红及剩余财产分配的权利方面优先于普通股。优先股股东享有以下权利:①优先分配权;②优先求偿权。

按票面是否记载投资者姓名,股票分为记名股票和无记名股票。

按投资主体的性质,股票分为国家股、法人股和社会公众股。

按照股票是否流动,可将其分为流通股及非流通股两大类。随着我国股份制改革的深入、股票市场的成熟和发展,非流通股将逐步实现上市流通。

根据我国特殊国情,我国上市公司股票还可分为A股、B股、H股、N股、S股等。A股即人民币普通股,是由我国境内公司发行供境内机构、组织或个人(不含港、澳、台投资者)以人民币认购和交易的普通股股票。B股是以人民币标明面值,以外币认购和买卖,在上海证券交易所和深圳证券交易所上市交易的股票。H股、N股、S股等为境外上市股票,其中,H股为在香港上市的股票,N股为在纽约上

市的股票,S股为在新加坡上市的股票。

(二)股票的发行和交易

股票发行市场是股票发行者为扩充经营资本,按照一定的法律规定和发行程序,向投资者出售新股票所形成的市场。股票的出售通过股票承销商(证券公司)进行。

证券交易遵循时间优先和价格优先的原则。时间优先的原则是指在买和卖的报价相同时,在时间序列上,按报价先后顺序依次成交。价格优先原则是指价格最高的买方报价与价格最低的卖方报价优于其他一切报价而成交。

(三)股票投资基础

一般而言,股票投资具有高风险、高收益的特点。理性的股票投资过程应该包括确定投资政策——股票投资分析——投资组合——评估业绩——修正投资策略五个步骤。其中,股票投资分析作为其中一环,是成功进行股票投资的重要基础。

对于个人投资者而言,在进行股票投资时要注意以下几个方面:

1.风险分散,组合投资

2.量力而行,合理选择

3.定期评估,修正策略

经典例题

40.【单选】股票投资具有(　　)特点。

A.高风险、低收益

B.低风险、高收益

C.低风险、低收益

D.高风险、高收益

【答案】D

【知识点】十一、中小企业私募债

中小企业私募债是我国中小微企业在境内市场以非公开方式发行的,约定在一定期限还本付息的企业债券,其发行人是非上市中小微企业,发行利率不超过同期银行贷款基准利率的3倍,期限在1年(含)以上,对发行人没有净资产和盈利能力的门槛要求,发行方式为面向特定对象的私募发行,是完全市场化的公司债券。

(一)中小企业私募债制度介绍

2012年5月证监会批准,上海证券交易所和深圳证券交易所(以下简称两所)分别发布实施《上海证券交易所中小企业私募债券业务试点办法》和《深圳证券交易所中小企业私募债券业务试点办法》旨在规范中小企业私募债券业务,拓宽中小微型企业融资渠道,服务实体经济发展。

1.发行要求

(1)发行规模不受净资产的40%的限制。

(2)需提交经具证券期货从业资格的事务所审计的最近两年财务报告,但对财务报告中的利润情况无要求,不受年均可分配利润不少于公司债券1年的利息的限制。

2.担保和评级要求

(1)鼓励中小企业私募债采用担保发行,但不强制要求担保。

(2)对是否进行信用评级没有硬性规定。

3.发行利率

预计中小企业私募债发行利率将高于市场已存在的企业债、公司债等。具体利率受发行时机、企业资质或知名度,偿债保障(抵押担保等)设计等因素的综合影响。

4.募集资金用途

募集资金用途不作限制,募集资金用途偏于灵活;

可用来直接偿还债务或补充营运资金,不限于固定资产投资项目;

与贷款相比,发行私募债不需要审批;与股权融资相比,不会影响公司所有权结构和日常的经营管理。

中小企业私募债具有以下几点优势:

(1)发行门槛低、成本可控;

(2)无强制性信用评级要求;

(3)可无担保、无抵押;

(4)发行期限可长可短;

(5)发行利率较目前中小企业常用的民间借贷成本低;

(6)采用交易所备案制、效率高、可预见;

(7)发行规模不受净资产限制,资金用途灵活;

(8)40%规定突破;

(9)无产业政策限定。

(二)中小企业私募债投资要求

参与私募债券认购和转让的合格投资者,应符合下列条件:

(1)经有关金融监管部门批准设立的金融机构,包括商业银行、证券公司、基金管理公司、信托公司和保险公司等;

(2)上述金融机构面向投资者发行的理财产品,包括但不限于银行理财产品、信托产品、投连险产品、基金产品、证券公司资产管理产品等;

(3)注册资本不低于人民币1000万元的企业法人;

(4)合伙人认缴出资总额不低于人民币5000万元,实缴出资总额不低于人民币1000万元的合伙企业;

(5)经交易所认可的其他合格投资者。另外,发行人的董事、监事、高级管理人员及持股比例超过5%的股东,可参与本公司发行私募债券的认购与转让。承销商可参与其承销私募债券的认购与转让。

需要指出的是,中小企业私募债券对投资者的数量有明确规定,每期私募债券的投资者合计不得超过200人,对导致私募债券持有账户数超过200人的转让不予确认。

(三)中小企业私募债的特征

总体来看,中小企业私募债作为理财工具具有以下特征:

(1)中小企业私募债的一大关键特点是不用行政许可,直接由证券公司自己做方案,就可以推向市场,证券公司的信用往往对私募债的信用产生较大影响。

(2)募集资金用途没有任何限制,非常灵活,可以偿还贷款,也可补充企业流动资金。

(3)中小企业私募债发行主体为中小微企业,发行资质要求低,发行条件宽松。中小企业私募债在流动性上低于、在债券违约风险上高于高评级债券,其较高的收益背后也伴随着较高的风险。

(四)私募债的三种投资模式

(1)买入持有。
(2)杠杆组合。
(3)利用量化工具买卖私募债。

经典例题

41.【多选】中小企业私募债作为理财工具具有(　　)特征。
A.不用行政许可,直接由证券公司自己做方案,就可以推向市场
B.证券公司的信用往往对私募债的信用产生较大影响
C.募集资金用途没有任何限制,非常灵活
D.发行主体为中小微企业,发行资质要求低,发行条件宽松
E.在流动性上低于、在债券违约风险上高于高评级债券,其较高的收益背后也伴随着较高的风险
【答案】ABCDE

【知识点】十二、基金子公司产品

2012年10月29日,证监会公布《证券投资基金管理公司子公司管理暂行规定》,批准设立基金子公司。基金子公司是指依照《公司法》设立,由基金管理公司控股,经营特定客户资产管理、基金销售以及中国证监会许可的其他业务的有限责任公司。

(一)基金子公司的业务类型

基金子公司的业务灵活,所受限制较小,且变化速度快,目前主要业务有以下几类:

1.类信托业务

与信托公司相比,基金子公司不受银监会监管,不受信托法规约束和银监会的部分规章的限制。

2.股权质押业务

上市公司股权质押业务多是由银行和信托公司来开展。

3.主动投资类业务

基金公司子公司可以依赖原公募投研团队形成的投资优势,设立相应的投资管理产品。

4.资产证券化业务

5.通道业务

(二)基金子公司产品特征

基金子公司的业务种类多,业务灵活,具有一定的比较优势。从产品来看基金子公司产品有以下几个方面的特征:

1.产品收益率相对较高
2.产品参与人相对较多
3.产品标准化程度不高
4.抗风险能力低

(三)基金子公司产品投资注意事项

基金子公司的产品类型多样,风险收益特征也比较灵活,投资基金子公司产品需要注意以下几点:

1.充分了解产品发行人的情况

2.了解产品类型和风险收益特征

3.了解产品的风险管理措施

4.确定资金最终流向和投资标的物

5.了解信息披露方式和项目进展情况

经典例题

42.【判断】基金子公司的业务灵活,所受限制较小,且变化速度快。( )

A.正确　　B.错误

【答案】A

【知识点】十三、合伙制私募基金

所谓合伙制私募基金,由普通合伙人和有限合伙人组成,普通合伙人即私募基金管理人,他们和不超过 49 人的有限合伙人共同组建的一只私募基金。

合伙制模式的优点是设立门槛低、浪费少、投资广、税收少。

表 4–4　不同形式私募基金的比较

组织形式	公司制	信托制	有限合伙制
出资形式	货币	货币	货币
注册资本额或认缴出资额及缴纳期限	最低实收资本不低于 1000 万元	资金一次到位	承诺出资制,无最低要求,按照约定的期限逐步到位;如需申报备案则最低不少于 1 亿元
投资门槛	无特别要求	单个投资者最低投资不少于 100 万元	无强制要求;但如申报备案,则单个投资者不低于 100 万元
债务承担方式	出资者在出资范围内承担有限责任	投资者以信托资产承担责任	普通合伙人承担无限责任,有限合伙人以认缴出资额为限承担有限责任
投资人数	有限责任公司不超过 50 人,股份有限公司不超过 200 人	自然人投资者不超过 50 人,合格机构投资者数量不受限制	2–50 人
管理人员	股东决定	由信托公司进行管理	普通合伙人
管理摸式	同股同权可以委托管理	受托人决定可以委托投资顾问提供咨询意见	普通合伙人负责决策与执行,有限合伙人不参与经营
利润分配	一般按出资比例	按信托合同	根据有限合伙协议约定
税务承担	双重征税	信托受益人不征税,受益人取得信托收益时,缴纳企业所得税或个人所得税	合伙企业不征税,合伙人分别缴纳企业所得税或个人所得税

(一)合伙制私募基金的运作机制

有限合伙制私募股权基金的核心机制是为专业投资人才建立有效的激励及约束机制，提高基金的运作水平和效率,以实现投资方利益的最大化。主要内容体现在以下几个方面：

1.关于投资范围及投资方式的限制

私募股权投资属于高风险投资方式,因此约束投资范围、投资方式以及每个项目的投资比例就显得尤为重要。但是,由于投资范围、投资方式的复杂和无法穷尽,实践中往往采用"否定性约束"的方式,以达到控制投资风险的目的。

2.管理费及运营成本的控制

实践中,通常有两种做法:第一种,管理费包括运营成本。好处是可以有效控制运营费用支出,做到成本可控。目前,为了吸引资金,很多国内的私募股权投资资金采取了这种简便的方式。第二种,管理费单独拨付，有限合伙企业运营费用由有限合伙企业作为成本列支，不计入普通合伙人的管理费用。这是国际通行的方式。

3.利益分配及激励机制

(1)关于"优先收回投资机制"

所谓"优先收回投资机制",是指在基金期限届满,或某个投资项目进行清算时,合伙企业分配之前首先要确保有限合伙人已全部回收投资,或已达到最低的收益率。

(2)关于"回拨机制"

所谓"回拨机制",是指普通合伙人在已收到的管理费,以及所投资的项目退出后分配的利润中,拿出一定比例的资金存入特定账户,在基金或某些投资项目亏损或达不到最低收益时,用于弥补亏损或补足收益的机制。

综上可以看出,无论是"优先回收投资机制"或是"回拨机制"均反映了国内普通合伙人在募集资金方面的困境,为吸引资金,在利益分配方面所作出的妥协与让步。

4.有限合伙人入伙、退伙方式及转让出资额的限制

在有限合伙私募股权基金成立后,仍可以允许新的有限合伙人入伙;通常而言,有限合伙人的入伙由普通合伙人决定,但也会设定一些限定条件。关于有限合伙人的退伙,实践中,合伙协议均要求有限合伙人保证在合伙企业存续期间内不得退伙。

有限合伙人转让合伙企业的出资可以分为自行转让和委托转让两种形式。"自行转让"是指有限合伙人自行寻找受让方,由普通合伙人审核并协助办理过户的方式。"委托转让"是指有限合伙人委托普通合伙人寻找受让方,普通合伙人协助办理过户的方式。

5.对普通合伙人的约束

在有限合伙制私募股权基金中,由普通合伙人执行合伙事务,有限合伙人不参与有限合伙企业的运作,因此需要防范普通合伙人侵害合伙企业的利益。除上述已表述的约束机制外,对于普通合伙人还存在以下约束措施:

(1)关联交易的限制

(2)新基金募集的限制

(3)跟随基金共同投资的限制

(4)关于基金运作情况及财务状况的定期汇报制度

6.次级合伙人首先承担亏损机制

为了满足风险厌恶型投资者的偏好,有些私募股权基金在亏损分担上,约定向普通合伙人或者具有关联关系的有限合伙人作为次级合伙人,并以其对合伙企业认缴的出资先承担亏损。

7.委托管理机制

有限合伙制私募股权基金的合伙事务一般由普通合伙人执行，但普通合伙人也可以将合伙事务委托第三方机构执行。

(二)合伙制私募基金内部治理机制

典型的有限合伙制私募股权基金的特点是所有者和经营者分离。

1.国外私募股权基金典型的内部治理结构

普通合伙人是基金的实际运作者,是基金投资的决策者和执行者,在合伙协议授权的范围内。基金的投资决策完全由普通合伙人完成,不受其他有限合伙人的干涉和影响。

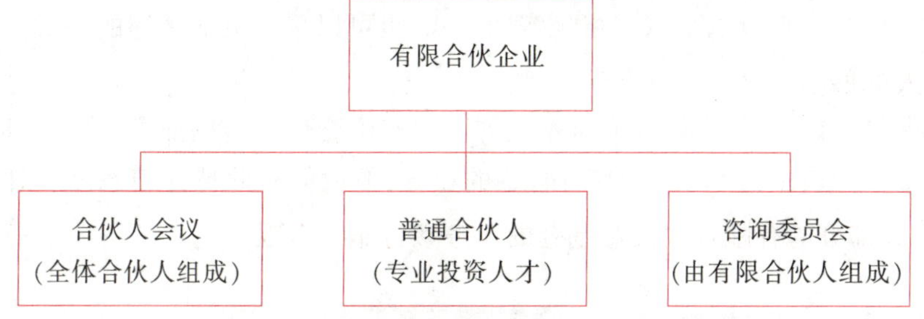

图 4–1 国外私募股权基金典型的内部治理结构

2.国内私募股权基金在内部治理结构上的妥协

国内私募股权基金内部治理结构的最大特点是,成立由普通合伙人、有限合伙人及第三方专业人士共同组成的投资及决策委员会,并对基金的投资事项进行最终决策。

3.有限合伙制形式,公司制内核的私募股权基金

这一类私募股权基金虽然采取了有限合伙制的形式设立，但基金的投资运作均由全体合伙人共同决定;一般而言,基金的合伙人会议或者投资委员会根据出资比例进行表决,类似于公司股东会的决策形式。

(三)合伙制私募基金的设立

设立私募股权投资基金是所要考虑的一系列问题,这些问题将是GP(普通合伙人)和LP(有限合伙人)谈判的要点。当一只基金要在市场上募资时,普通合伙人通常要准备一份汇集基金结构的条款清单。这份条款清单通常会先由1–2个潜在主导的有限合伙人审查,一旦这些条款在谈判之后让他们满意了,GP就会准备一份包含这些条款的募资备忘录,然后他们就开始一个更加漫长的销售过程,以获得其他潜在LP的投资。

通常,条款清单中至少包含以下十大要点:

1.GP的出资比例

通常,GP的出资比例范围通常是1%~5%,这通常取决于GP的财务状况和LP的意愿。GP也可选择采用非现金方式出资,主要方式包括放弃部分管理费用或收益分成以抵消GP的出资额。

2.收益分成

GP通常可以获得基金回报的一部分。通过基金收益分成的方式给GP报酬，看起来有助于确保GP的目标与LP的目标是一致的,即争取基金投资回报的最大化。

3.管理费

一般来说,每年的管理费为基金承诺资金的2%,在承诺期结束后(通常4–5年),降至兑现承诺的2%;或者在投资期,为承诺资金的2%,投资期结束后(通常是4–5年),到基金清盘,逐步降至承诺资金的1%。

4.收益钩回

因为收益的分配是以投资项目的退出为基础，大部分合伙协议里会有收益钩回条款或者质押条款，以保证GP的收益分配不会超过收益分成约定的标准。

5.基金规模

尽管大部分GP可能会想最好能募集尽可能多的资金，但对他们来说，很重要的一点是要考虑在基金的投资期内，他们能够合理有效地投资多少资金。因为基金的表现将会决定GP募集后续基金的能力和成功可能性，GP在投资的时候，不能因为压力就投资过快或者单个项目投资过大。

6.联合投资机会

LP通常会要求当项目的融资额超过基金对单一项目投资规模限制时，能够联合投资的机会。GP在给予LP联合投资权利时，可以采取严格规定的方式，也可以采取灵活掌握的方式。

7.有限合伙人的职责

为了维持其有限责任，有限合伙人通常不允许参与有限合伙基金的业务，当然不同的地方有不同的法律规定，有些地方允许有限合伙人参与基金的业务，但他们对此持谨慎态度，以防影响其有限责任的身份。因此，大部分的有限合伙人对基金的业务参与非常有限。

8.投资限制

有些基金会选择只关注某些特定行业或领域的项目。通常，投资限制是比较宽容而不是强制的，以避免GP发掘到非常好的项目，却在预定的投资约束条件之外时，GP还要去执行一个非常繁琐的流程，获得LP的认可。

9.LP的违约责任

大部分的基金有资金出资请求条款，某次出资请求会要求LP在收到出资请求后的某个时间期限内提供一个较小比例的承诺资金，直到完成全部出资。

10.关键人条款及继承问题

GP的能力和经验通常是LP决定是否投资一只基金最核心重要的因素。因此，LP通常要求与管理者变动或关键人离职相关联的中止条款。

(四)私募基金设立和投资须关注的事项

1.基金依法设立

2.向特定对象募集资金

3.非公开宣传

4.不得承诺保底收益或最低收益

5.合法、合规使用募集资金

经典例题

43.【单选】有限合伙制私募股权基金的合伙事务一般由(　　)执行。

A.普通合伙人

B.指定合伙人

C.有限合伙人

D.特殊合伙人

【答案】A

第五章 客户分类与需求分析

【考点图示】

- 熟悉理财师、了解客户的重要性及主要内容
  - 1.企业经营理念发展的趋势
  - 2.理财师工作职责的要求
  - 3.理财服务规范和质量的要求
- 熟悉不同的客户分类方法
  - 1.客户信息分类
  - 2.客户需求分析
- 掌握生命周期理论及其与客户需求的关系
  - 1.探索期
  - 2.建立期
  - 3.稳定期
  - 4.维持期
  - 5.高原期
  - 6.退休期
- 掌握理财师了解客户的方法
  - 1.开户资料
  - 2.调查问卷
  - 3.面谈沟通
  - 4.电话沟通

客户分类与需求分析

【知识点】一、企业经营理念发展的趋势

市场竞争的加剧,要求金融企业经营理念从以产品为中心转为以客户为中心,了解客户是基础和关键。

零售业务具有利润贡献度大、资本回报率高、抵御经济周期影响力强的特点,已经成为现代商业银行的核心和支柱业务。

经典例题

1.【多选】现代商业银行的零售业务具有(　　)的特点(　　)。

A.利润贡献度大

B.资本回报率高

C.抵御经济周期影响力强

D.投入少

E.应用范围广

【答案】ABC

【知识点】二、理财师工作职责的要求

理财师的工作职责和定位,决定其首要工作就是必须了解自己的客户。对于理财师而言,提供专业化服务和加强客户关系主要指通过客户资料的收集、整理、分析判断,确定客户的需求,为客户制定能够满足其理财需求和承受能力的合理的综合理财方案。

了解客户和客户的需求也是理财师工作的第一步和最为关键的一步。

经典例题

1.理财师开展工作最关键的环节是(　　)。

A.了解客户、精准把脉其需求,

B.明确理财目标,做好服务

C.了解市场竞争机制

D.满足客户需求

【答案】A

【知识点】三、理财服务规范和质量的要求

在理财师资格认证标准4E中,职业道德(Ethics)为其中之一。在理财师职业道德的诸多要求中,其中之一就是理财师必须专业胜任、勤勉尽职。

银监会在2011年8月28日发布的《商业银行理财产品销售管理办法》中就针对理财师在充分了解客户、客户需求和风险偏好的基础上展开工作、推荐合适的理财产品，同时在必须勤勉尽职方面做了严格规定，譬如《办法》中强调：

商业银行销售理财产品，应当遵循诚实守信、勤勉尽责、如实告知原则；

商业银行销售理财产品，应当遵循公平、公开、公正原则，充分揭示风险，保护客户合法权益，不得对客户进行误导销售；

商业银行销售理财产品，应当遵循风险匹配原则，禁止误导客户购买与其风险承受能力不相符合的理财产品。风险匹配原则是指商业银行只能向客户销售风险评级等于或低于其风险承受能力评级的理财产品；

商业银行销售理财产品，应当加强客户风险提示和投资者教育。

经典例题

1.【判断】风险匹配原则是指商业银行只能向客户销售风险评级等于或高于其风险承受能力评级的理财产品。（　）

A.正确　　　　B.错误

【答案】B

【知识点】四、了解客户的主要内容

了解客户，包括全面收集、整理、分析与客户相关的信息。为了便于工作，理财师可以把与客户相关的信息进行分类收集、整理。

（一）从理财规划需要角度分类客户信息

根据理财规划的需求，一般把客户信息分为：基本信息、财务信息、个人兴趣及人生规划和目标三方面。

1.基本信息（基础和保证）

客户的基本信息大体包括客户的姓名、年龄、联系方式、工作单位与职务、国籍、婚姻状况、健康状况，以及重要的家庭、社会关系信息（包括需要供养父母、子女信息）。

2.财务信息

财务信息主要是指客户家庭的收支与资产负债状况，以及相关的财务安排（包括储蓄、投资、保险账户情况等）。财务信息是理财师制定客户个人财务规划的基础和根据，决定了客户的目标、期望是否合理，以及实现客户各项理财目标、人生规划的可能性和需要采取的相关措施。

3.个人兴趣及人生规划和目标

这方面内容包括职业和职业生涯发展，客户性格特征、风险属性、个人兴趣爱好和志向，客户的生活品质及要求，受教育程度和投资经验、人生观、财富观等。

（二）财务信息和非财务信息的分类

客户信息还可以简单分为财务信息和非财务信息两大类，如上面提到的客户家庭收支和资产负债状况信息属于财务信息，客户基本信息和个人兴趣、发展及预期目标属于非财务信息。

(三)定量信息和定性信息的分类

客户信息也可以分为定量信息和定性信息，客户财务方面的信息基本属于定量信息；非财务信息，即客户基本信息和个人兴趣爱好、职业生涯发展和预期目标等属于定性信息。

经典例题

2.客户信息中的财务信息主要是指客户家庭的收支与资产负债状况，以及(　　)。

A.相关的财务安排

B.储蓄

C.投资

D.家庭预算

【答案】A

解析：财务信息主要是指客户家庭的收支与资产负债状况，以及相关的财务安排(包括储蓄、投资、保险账户情况等)。

【知识点】五、客户需求分析

(一)理财赚钱是手段

投资、理财赚钱(包括保值)和工作本身一样，不是我们大多数人的理财或人生目标，而是实现理财、人生目标的手段或工具；几乎没有人为了赚钱而赚钱。

(二)客户的需求是有层次的

除了物质生活追求外，人们还有精神方面的需求和人生价值目标。根据西方心理学家马斯洛需求层次理论，人的需求从低到高可以分五个层次，分别为生理需求、安全需求、爱和归属感的需求、被尊重的需求和自我实现的需求。因此，准确地说客户的理财目标也相应分为经济目标(也即我们常说的买房、买车、教育、养老等具体理财目标)和人生价值目标(即精神追求)。

(三)经济目标与人生价值(精神)目标的关系

1.客户的经济目标，如买房、买车、上学、退休养老等是很具体的，可以用金钱来衡量、实现的，是理财师要帮助客户明确和通过科学规划实现的。

2.经济目标是客户实现人生价值目标或精神追求的基础，但是后者无法完全用金钱来衡量。

3.在理财规划中，我们一般把客户的经济目标(即常说的理财目标)概括为以下几个方面：

(1)现金与债务管理；

(2)家庭财务保障；

(3)子女教育与养老投资规划；

(4)投资规划；

(5)税务规划；

(6)遗嘱遗产规划。

4.不同年纪的客户和不同性别的客户，在理财目标上(即在经济目标与人生价值目标之间的追求，或在不同经济目标之间的选择上)侧重点不一样。

5.客户的理财需求往往是潜在的,或不明确的,这需要专业理财师在与客户接触沟通中,询问、启发和引导才能逐步了解、清晰和明确。

经典例题

3.在理财规划中,客户的经济目标不包括(　　)

A.现金与债务管理;

B.家庭财务保障;

C.子女教育与养老投资规划;

D.职业规划

【答案】D

答案解析:客户的经济目标,如买房、买车、上学、退休养老等是很具体的,可以用金钱来衡量、实现的,是理财师要帮助客户明确和通过科学规划实现的。人生价值目标或精神追求是无法完全用金钱来衡量。

4.马斯洛需求层次理论包括:(　　)

A.生理需求

B.安全需求

C.爱和归属感的需求

D.被尊重的需求

E.自我实现的需求

【答案】ABCDE

【知识点】六、不同的客户分类方法

(一)按外在属性分类

这通常是一种比较直观简单的分类方法,如把客户分成企业主、个人客户和政府客户,还有大、中、小客户的划分也是如此;这种客户分类方法简单易行,但比较粗线条,许多时候对判断客户的价值帮助不大,对客户的需求了解也不深入。

(二)按内在属性分类

内在属性是指由客户内在因素如年纪、教育、信仰、性格、家庭等决定的属性,以此来作为客户细分和需求分析的依据。这里简单介绍几种比较流行的客户分类方法。

1.按财富观分类

譬如,按照不同的财富观,有人将客户分为储藏者、积累者、修道士、挥霍者和逃避者五类。

(1)储藏者,量入为出,买东西会精打细算;从不向人借钱,也不用循环信用;有储蓄习惯,仔细分析投资方案。

(2)积累者,担心财富不够用,致力于积累财富;量出为入,开源重于节流;有赚钱机会时不排斥借钱滚钱。

(3)修道士,嫌铜臭,不让金钱左右人生;命运论者,不担心财务保障;缺乏规划概念,不量出不量入。

(4)挥霍者,喜欢花钱的感觉,花的比赚的多;常常借钱或用信用卡循环额度;透支未来,冲动型消费者。

(5)逃避者,讨厌处理钱的事也不求助专家;不借钱不用信用卡,理财单纯化;除存款外不做其他投资,烦恼少。

2.按风险态度分类

我们也可以按照客户对风险的态度把客户划分为:风险厌恶型、风险偏好型及风险中立型三类。

(1)风险厌恶型,对待风险态度消极,不愿为增加收益而承担风险,非常注重资金安全,极力回避风险;投资工具以安全性高的储蓄、国债,保险等为主。

(2)风险偏好型,对待风险投资较为积极,愿意为获取高收益而承担高风险,重视风险分析和规避,不因风险的存在而放弃投资机会;投资应遵循组合设计、设置风险止损点,防止投资失败影响家庭整体财务状况。

(3)风险中立型,介于前两类投资者之间,期望获得较高收益,但对于高风险也望而生畏;投资应以储蓄、理财产品和债券为主,结合高收益的股票、基金和信托投资,优化组合模型,使收益与风险均衡化。

3.按风险风格分类

除此之外,也有人喜欢按照客户的人际风格把客户分为猫头鹰型、鸽子型、孔雀型及老鹰型四类。

(1)猫头鹰型,优点:彬彬有礼,藏而不露,讲逻辑重事实,具有很强的责任心,注重精确,讲求完美;缺点:自我封闭,缺乏情趣,不肆张扬,离群索居,有时甚至会显得有点郁郁寡欢。

(2)鸽子型,优点:具有专心致志、持之以恒和忠实可靠的特点,是勤奋的工作者,具有合作精神,易于相处,值得信赖;缺点:犹豫不决和缺乏冒险精神,常常过于重视他人的意见,循规蹈矩不肆声张,往往处于被动的状态。

(3)孔雀型,优点:具有口齿伶俐的个性特点,魅力十足,殷勤随和,乐于助人,口才雄辩,擅长交际;缺点:缺乏耐心,以偏概全,言语犀利伤人,有时还会做出一些不理智的举动。

(4)老鹰型,优点:有远大的目标,是一个不安分、不怕冒险的行动者,性格外向,意志坚强,说话办事井井有条,果断务实,从不绕弯子;缺点:固执已见,独断专行,缺乏耐心,感觉迟钝,而且脾气暴躁,常常无暇顾及一些形式和细节。

在以客户的内在属性分类方法中,生命周期理论是最著名、最常用的客户分类方法。在理财领域,个人与家庭的生命周期紧密相关,都有着诞生、成长、发展、成熟、衰退直至消亡的过程。按照生命周期理论,在生命周期的不同阶段,个人、家庭的发展都有不同的特征、需求与目标。

(三)按消费行为分类

许多企业根据以往数据对客户消费行为进行分析,从而掌握客户一定的消费习惯和特征,并采取相应的针对措施;许多企业主要从三方面收集数据、进行分析,即购买情况、购买频率和购买金额。

经典例题

5.根据客户对待投资中风险与收益的态度,可以将客户分为三种类型,下列(　　)不属于三种类型之一。

A.风险淡漠型

B.风险中立型

C.风险厌恶型

D.风险偏爱型

【答案】A

答案解析:根据客户对待投资中风险与收益的态度,可以将客户分为三种类型,即风险厌恶型、风险偏爱型和风险中立型。

6.李某是一个不借钱,不用信用卡,理财比较单纯的人。该客户可定位为( )

A.修道者 B.储藏者

C.积累者 D.逃避者

【答案】D

答案解析:

(1)储藏者:量入为出,从不向人借钱;有储蓄习惯

(2)积累者:致力于积累财富;量出为入,开源重于节流;借钱滚钱。

(3)修道士,嫌铜臭;命运论者,不担心财务保障;缺乏规划概念,

(4)挥霍者,喜欢花钱的感觉,花的比赚的多;透支未来,冲动型消费者。

(5)逃避者,讨厌处理钱的事也不求助专家;不借钱不用信用卡,理财单纯化;除存款外不做其他投资,烦恼少。

7.王某比较担心财富不够,量出为入,开源重于节流,该客户可定位为( )

A.挥霍者 B.储藏者

C.积累者 D.逃避者

【答案】C

8.小易有远大的目标,不怕冒险且性格外向,那他在交际风格类型中属于( )

A.猫头鹰型 B.鸽子型

C.孔雀型 D.老鹰型

【答案】D

答案解析:老鹰型,优点:有远大的目标,是一个不安分、不怕冒险的行动者,性格外向,意志坚强,说话办事井井有条,果断务实,从不绕弯子;缺点:固执己见,独断专行,缺乏耐心,感觉迟钝,而且脾气暴躁,常常无暇顾及一些形式和细节。

【知识点】七、生命周期与客户需求的关系

(一)生命周期的概念

生命周期理论是由F.莫迪利安尼与R.布伦搏格、A.安多共同创建的。其中,F.莫迪利安尼作出了尤为突出的贡献,并因此获得诺贝尔经济学奖。

生命周期理论对人们的消费行为提供了全新的解释,该理论指出:自然人是在相当长的期间内计划个人的储蓄消费行为,以实现生命周期内收支的最佳配置。

严格意义上,生命周期分家庭和个人生命周期两种,两者紧密相关,但又有区别。个人和家庭生命周期都有其诞生、成长、发展、成熟和衰退直至死亡的过程。

家庭的生命周期一般可分为:形成期、成长期、成熟期以及衰老期四个阶段,如表5—1所示。

表 5-1 家庭生命周期阶段特征及财务状况

	形成期	成长期	成熟期	衰老期
特征	从结婚到子女婴儿期	从子幼儿期到子女经济独立	从子女经济独立到夫妻双方退休	从夫妻双方退休到一方过世
收支	收入以薪水为主，支出随子女诞生后而增加	收入以薪水为主，支出趋于稳定，子女教育费用负担重	收入以薪水为主，支出随子女经济独立而减少	以理财收入及转移性收入为主，医疗费用支出增加，其他费用支出减少
储蓄	收入稳定而支出增加，储蓄低水平增长	收入增加而支出稳定，储蓄稳步增加	收入处于巅峰阶段，支出相对较低，储蓄增长的最佳时期	支出大于收入，储蓄逐步减少
资产	积累资产有限，追求高风险高收益投资	积累资产逐年增加，注重投资风险管理	资产达到巅峰，降低投资风险	变现投资资产支付支出费用，投资以固定收益类为主
负债	承担房贷负担	承担房贷负担	房贷余额逐年减少，退休前结清所有大额负债	无大额、长期负债

(二)生命周期与客户需求、理财目标分析

1.形成期。家庭成员增加，收入呈现上升趋势，家庭有一定风险承受能力，同时购房贷款需求较高，消费支出增多。因此，该阶段建议在保持流动性前提下配置高收益类金融资产，如股票基金、货币基金、流动性高的银行理财产品等。

2.成长期。子女教育金需求增加，购房、购车贷款仍保持较高需求，成员收入稳定，家庭风险承受能力进一步提升。因此，该阶段建议依旧保持资产流动性，并适当增加固定收益类资产，如债券基金、浮动收益类理财产品。

3.成熟期。养老金的筹措是该阶段的主要目标，家庭收入处于巅峰，支出降低，财富积累加快。因此，该阶段建议以资产安全为重点，保持资产稳定收益回报，进一步增加固定收益类资产的比重，减少持有高风险资产。

4.衰老期。养老护理和资产传承是该阶段的核心目标，家庭收入大幅降低，储蓄逐步减少。因此，该阶段建议进一步提升资产安全性，将80%以上资产投资于储蓄及固定收益类理财产品，同时购买长期护理类保险。

经典例题

9.生命周期理论是由(　　)与宾夕法尼亚大学的R·布伦博格、A·安多共同创建。

A.萨缪尔森

B.凯恩斯

C.弗里德曼

D.F·莫迪利亚尼

【答案】D

10.生命周期理论指出个人是在(　　)实现消费的最佳配置。

A.整个工作周期内

B.整个生命周期内
C.整个家庭内
D.整个社会内
【答案】B

11.下列对家庭生命周期各阶段的理财建议,不合适的是(　　)。
A.家庭衰老期尽量不要承担贷款
B.投资于股票的资产比例应随户主年龄的增加而上升
C.家庭形成期和衰老期相对而言都需持有较高比例的流动性资产
D.家庭成长期需要并且应该利用房屋贷款、汽车贷款等各项贷款
【答案】B

12.一般而言,整个家庭的收入在(　　)达到巅峰。
A.家庭形成期
B.家庭成长期
C.家庭成熟期
D.家庭衰老期
【答案】C

13.关于家庭生命周期的各阶段不同的理财重点,以下不合适的是(　　)。
A.家庭形成期的核心资产中股票占68%,债券占.11%
B.家庭衰老期的核心资产中股票占49%,债券占41%
C.家庭成熟期的核心资产中股票占49%,债券占41%
D.家庭成长期的核心资产中股票占59%,债券占31%
【答案】B

14.家庭形成期的投资组合中(　　)比重应该最高。
A.股票　　B.债券
C.现金　　D.保险
【答案】A

15.以下有关个人生命周期各阶段的理财活动的说法中,不正确的有(　　)。
A.建立期利用年轻人风险承受能力较强的特征博取较高的投资回报
B.维持期要做好投资规划与家庭现金流规划,以防范疾病、意外、失业等风险
C.高原期个人财富积累到了最高峰,应以稳健的方式使资产得以保值增值
D.退休期的投资以安全为主要目标
【答案】B

16.家庭的生命周期是指(　　)。
A.家庭形成期
B.家庭成长期

C.家庭成熟期
D.家庭衰老期
E.家庭消灭期
【答案】ABCD

17.按年龄层把个人生命周期比照家庭生命周期分为(　)阶段。
A.探索期
B.建立期
C.稳定期
D.维持期
E.高原期和退休期
【答案】ABCDE

【知识点】八、开户资料

开户,通常是理财师与客户的首次接触,也是了解客户、收集信息的最好时机。

在填写开户资料时,理财师可以获得客户姓名、性别、证件信息、出生日期、联系地址、电话号码等最基础的信息,还可以协助客户填写一份类似《客户信息采集表》,在内容设计上,可以涵盖学历、就业情况、个人兴趣爱好,以及婚姻状况、子女情况等,辅助收集客户信息。

经典例题

18.【单选】(　)通常是理财师与客户的首次接触,也是了解客户、收集信息的最好时机。
A.开户
B.面谈
C.电话沟通
D.问卷调查
【答案】A

【知识点】九、调查问卷

调查问卷工具的使用,其优势包括:简便易行,有的放矢、有针对性采集信息,容易量化,客户接受度高;调查问卷使用主要难点是问卷问题的设计需要精确科学,否则容易误导客户;客户有时不愿意填写或不认真填写。

经典例题

19.【多选】调查问卷工具的优势包括(　)。
A.简便易行
B.有的放矢、有针对性采集信息
C.容易量化
D.客户接受度高
E.不容易误导客户
【答案】ABCD

【知识点】十、面谈沟通

无论是与客户初次见面，还是后续与客户的接触，面对面沟通都是深人了解客户并建立长期良好客户关系的契机。在面谈中有许多方法能让理财师与客户增进彼此的互信了解，获取大量客户信息。在面对面接触中，理财师的仪表、肢体和沟通言辞对沟通效果和了解、收集客户信息至关重要。

第一，理财师在见面客户前要有所准备，准备工作包括面谈的主要内容或目的、客户的基本情况和以往接触历史等；除此之外，安排好自己的工作计划、时间，不得迟到或让客户久候。

第二，在面谈中理财师言谈举止应符合相关商务和服务礼仪标准要求，突出专业形象和真诚、亲切、自然。取得客户信赖是了解客户、发展长期良好客户关系的第一步。

第三，理财师应该掌握一些关键的沟通技巧，并能在接触中熟练自然地加以运用，譬如提问、聆听和肢体语言方面的技巧。

第四，要做好会面后的后续跟踪工作，譬如电话或邮件致谢，即感谢客户抽空来赴约；关怀、询问面淡中客户提及的事情或问题。

经典例题

20.【判断】与客户初次见面，面对面沟通是深入了解客户并建立长期良好客户关系的契机；后续与客户的接触则不需要面对面沟通。(　　)

A.正确　　　　B.错误

【答案】B

解析：无论是与客户初次见面，还是后续与客户的接触，面对面沟通都是深入了解客户并建立长期良好客户关系的契机。

【知识点】十一、电话沟通

电话沟通，是理财师服务客户的一项重要方式，其优点是工作效率高、营销成本低、计划性强、方便易行；但是电话沟通不能面对面、对客户周围环境和其肢体语言都毫无所知；也正因为如此，电话沟通的流程、技巧就非常重要，譬如电话的频率(不宜频繁打电话给客户)、电话沟通的时点(什么时候打电话)和长短都有很大关系。

理财师在接触客户、提供专业理财咨询服务和开展相关业务过程中，注意如下几点工作原则。

1.树立以客户为中心的思想。

2.熟练掌握和应用与客户沟通、服务的技巧。

3.必须牢记了解客户及其需求不是一时一地的事情，切不可急功近利，从而失去客户的信任和金融机构、理财师专业服务的品牌形象。

经典例题

21.了解客户主要有(　　)渠道和方法

A.开户资料　　　　B.调查问卷

C.面谈沟通　　　　D.客户面谈

E.电话沟通

【答案】ABCE

第六章 理财规划计算工具与方法

【考点图示】

- 熟悉货币时间价值
  - 货币时间价值的概念及影响因素
  - 时间价值的基本参数
  - 现值与终值
  - 72 法则
  - 有效利率的计算方法及应用
- 掌握规则现金流与不规则现金流的计算方法及运用
  - 期末年金
  - 期初年金
  - 永续年金
  - 增长型年金
  - 净现值(NPV)
  - 内部回报率(IRR)
- 了解财务计算器和 Excel 在理财规划中的使用
  - 年利与年金系数表(计算公式)
  - 财务计算器
  - EXCEL 的使用
- 了解不同理财工具的特点及比较
  - 4 种不同工具的优缺点比较
- 熟悉货币时间价值在理财规划中的使用
  - 子女教育
  - 房产规划
  - 退休规划
  - 投资规划
  - 保险规划

【知识点】一、货币时间价值概念与影响因素

(一)概念

货币的时间价值是指货币在无风险的条件下,经历一定时间的投资和再投资而发生的增值,或者是货币在使用过程中由于时间因素而形成的增值,也被称为资金时间价值。

而货币之所以具有时间价值,主要是因为以下三点:

1.现在持有的货币可以用作投资,从而获得投资回报;

2.货币的购买力会受到通货膨胀的影响而降低;

3.未来的投资收入预期具有不确定性。

(二)货币时间价值的影响因素

1.时间。时间的长短是影响货币时间价值的首要因素,时间越氏,货币时间价值越明显。

2.收益率或通货膨胀率。收益率是决定货币在未来增值程度的关键因素,而通货膨胀率则是使货币购买力缩水的反向因素。

3.单利与复利。单利始终以最初的本金为基数计算收益,而复利则以本金和利息为基数计息,从而产生利上加利、息上添息的收益倍增效应。(本书中若无特别说明,一般都按照复利来进行计算。)

经典例题

实例 6-1 王先生将 20 万元人民币存入银行,若按年均 3%的单利来计算,10 年后资金变为 26 万元。即每年固定增加 20×3%=0.6 万元,若按年均 3%的复利来计算,10 年后资金则变为$20\times(1+3\%)^{10}=$ 26.8783 万元,这比单利多 8783 元。

实例 6-2 朱小姐有存款 100 万元,打算做一笔为期 10 年的投资。现有两种方式待选:第一种是存人银行十年期的定期存款,年利率为 7%,按单利计算;第二种是投入某货币基金产品,年利率为 6%,按复利计算。那么朱小姐应当选择哪种方式获利更多?

解析:复利具有利滚利的特性,可以产生投资收益倍增的效应,并且时间越长,效益越大。因此,本题中方案一的利率虽略高于方案二,也并不能确定哪种方案收益更大:

定期存款的终值:(100×7%)×10+100=170(万元)

投资货币基金的终值:$100\times(1+6\%)^{10}=179.0848$(万元)

很明显,朱小姐投资复利收益的基金产品可以获得更大的收益。

1.张先生现有资产 100 万元,假如未来 20 年的通货膨胀率是 5%,那么他这笔钱就相当于 20 年后的(　　)。

A.100×(1+5%)×20

B.1 000 000 元

C.100×(1+5%×20)

D.无法计算

【答案】A

2.货币之所以具有时间价值,是因为(　　)。

A.货币占用具有机会成本

B.通货膨胀可能造成货币贬值

C.金属货币会生锈

D.使用货币造成磨损

E.投资风险需要提供风险补偿

【答案】ABE

3.影响货币时间价值的主要因素是(　　)。

A.时间

B.货币的形态

C.收益率或通货膨胀率

D.货币量的大小

E.单利与复利

【答案】ACE

【知识点】二、时间价值的基本参数

(一)现值

货币现在的价值,也即期间发生的现金流在起初的价值,通常用 PV 表示。

(二)终值

货币在未来某个时间点上的价值,也即期间发生的现金流在期末的价值,通常用 FV 表示。一定金额的本金按照单利计算若干期后的本利和,称为单利终值;一定金额的本金按照复利计算若干期后的本利和,称为复利终值。

(三)时间

货币价值的参照系数,通常用 t 表示。

(四)利率(或通货膨胀率)

影响金钱时间价值程度的波动要素,通常用 r 表示。

经典例题

实例 6-3 秦小姐目前有资产 50 万元,若将它投入到利率为 3%的基金产品中,那么 10 年后,她可以获得多少钱?

解析:题目中,50 万元即为现值 PV,3%为利率 r,10 年为时间 t。那么她可以获得 $FV=PV\times(1+r)^t=50\times(1+3\%)^{10}=67.1958$ 万元

4.假定期初本金为 10000 元,单利计息,5 年后终值为 15000 元,则年利率为(　　)。

A.1%　　B.3%　　C.5%　　D.10%

【答案】D

【知识点】三、现值与终值的计算

(一)单期中的终值

单期中的终值指某笔资金在投资一期后的价值。一般用于计算单次收益，比如一年期的定期存款,一期的理财产品等。

单期中终值的计算公式为 $FV=PV\times(1+r)$

经典例题

实例 6-4 小明获得压岁钱共 1 万元,他打算将这笔钱存人银行定期存款,利率为 8%,一年后再取出来,那么来年小明可以获得多少钱?

解析:小明的 1 万元压岁钱就是现值 PV,而他的定期存款到期后获得的价值就是终值 FV。

$FV=PV\times(1+r)=1\times(1+8\%)=1.08$ 万元

(二)单期中的现值

单期中的现值是单期中的终值的逆运算,它一般用于在已知一期投资后的价值,来计算现在需要投资的金额。一般广泛运用在债券价格的计算。

单期中现值的计算公式为 $PV=FV/(1+r)$

例如,若希望 1 年后通过投资获得 10 万元,现阶段可获得的投资年回报率为 8%那么现在就应投入 $PV=10/(1+8\%)=9.2593$ 万元。

(三)多期中的终值

多期中的终值表示一定金额投资某种产品，并持续好几期，在最后一期结束后所获得的最终价值。它是现在金融市场中比较普遍的收益率计算方式前大多数的理财工具都是使用复利计算。

计算多期中终值的公式为 $FV=PV\times(1+r)^t$

其中,PV 是期初的价值,r 是利率,t 是投资时间,$(1+r)^t$ 是终值利率因子($FVIF$),也称为复利终值系数。终值利率因子与利率、时间呈正比关系,时间越长,利率越高,终值则越大。

经典例题

实例 6-5 某投资产品年化收益率为 12%,张先生今天投入 5000 元,6 年后他将获得多少钱?(请分别用单利和复利进行计算)

解析:用复利计算是:$5000\times(1+12\%)^6=9869.11$ 元

用单利计算是:$5000\times(1+12\%\times6)=8600$ 元

复利和单利计算之间的差异为:$9869.11-8600=1269.11$ 元

(四)多期中的现值

多期中的现值一般指在复利情况下投资者若要在连续几期后获得指定金额,现在需要投资的金额。

计算多期中现值的公式为 $PV=FV/(1+r)^t$

其中,r 是利率,t 是投资时间,FV 是期末的价值 $1/(1+r)^t$ 是现值利率因子($PVIF$),也称复利现值系数。与终值利率因子相反，现值利率因子与时间，利率呈反比状态。贴现率越高，时间越长，现值则越小。

经典例题

实例 6—6 小徐两年后需要 2 万元来支付研究生的学费，若投资收益率是 8%，那么今天小徐需要拿出多少钱来进行投资？

解析：$2/(1+8\%)^2=1.7147$ 万元

5.以下关于现值与终值的计算公式中，正确的是(　　)。

A.单期中终值的计算公式为：$FV=C0(1+r)$

B.单期中现值的计算公式为：$PV=C/(1+r)$

C.计算多期(复利)中终值的公式为：$FV=PV\times(1+r)^t$

D.计算多期(复利)中现值的公式为：$PV=FV/(1+r)^t$

E.计算多期(单利)中终值的公式为：$FV=PV\times(1+r^t)$

【答案】ABCDE

【知识点】四、72 法则

金融学上的 72 法则是用作估计一定投资额倍增或减半所需要的时间的方法，即用 72 除以收益率或通胀率就可以得到固定一笔投资(钱)翻番或减半所需时间。假设以 1%的复利计算，那么 72 年后本金就会翻一番，变成原本金的 2 倍，同理，以 6%的复利来计息，那么需要 72/6=12 年就可完成翻一番这个目标。但这个法则只适用于利率(或通货膨胀率)在一个合适的区间内的情况下，若利率太高则不适用。72 法则可以有效地节约计算时间，估算结果也与公式计算出的答案非常接近。

经典例题

实例 6–7 董老板打算投资 100 万元，希望在 12 年后可以变为 200 万元，那么他需要选定投资回报率为多少的金融产品才能够达到预期目标？

解析：按 72 法则计算的话，这项投资在 12 年后增长了一倍，那么估算此产品年利率要大概在 72/12=6%。

按公式计算的话，$FV=200$，$PV=-100$，t=12

$200=100\times(1+r)^{12}$

$r=5.9463\%$

由此可见，按 72 法则估算出的利率与公式计算出的答案基本一致，非常精准。

实例 6–8、实例 6–9 同实例 6–7

6.假定某投资者欲在 2 年后获得 121000 元，年投资收益率为 10%，那么他现在需要投资(　　)元。

A.93100　　　　B.100000

C.103100　　　　D.100310

【答案】B

7.假定某投资者当前以82.64元购买了某种理财产品，该产品年收益率为10%。按年复利计算需要(　)年的时间该投资者可以获得100元。

A.1　　B.2　　C.3　　D.4

【答案】B

【知识点】五、有效利率的计算

(一)复利期间与复利期间数量

复利期间数量是指一年内计算复利的次数。例如，以季度为复利期间，则复利期间数量为4；以月份为复利期间，则复利期间数量为12。

(二)有效年利率

不同复利期间投资的年化收益率称为有效年利率(EAR)。

经典例题

实例6-10 假设年初投资100元，名义年利率是12%，按季度计算复利，则

$100\times(1+\frac{12\%}{4})^{4}=100\times(1+EAR)$　　$EAR=12.5509\%$

如果按月计算复利，则此项投资的有效年利率是多少？

$100\times(1+\frac{12\%}{12})^{12}=100\times(1+EAR)$　　$EAR=12.6825\%$

依此类推，如果一年计m次复利，则此项投资的有效年利率是多少？

$100\times(1+\frac{12\%}{m})^{m}=100\times(1+EAR)$

$EAR=(1+\frac{12\%}{m})^{m}-1$

因此，名义年利率r与有效年利率EAR之间的换算即为：

$EAR=(1+\frac{r}{m})^{m}-1$

其中，r是指名义年利率，EAR是指有效年利率，m指一年内复利次数。

实例6-11 两款理财产品，风险评级相同：A款，半年期，预期年化收益率6%；B款，一年期，预期年化收益率6.05%。请问，哪一款预期有效(实际)年化收益率更高些？

解析：款有效(实际)年化收益率$=(1+\frac{6\%}{2})^{2}=6.09\%>6.05\%$

所以，A款预期有效(实际)年化收益率更高些。

(三)连续复利

当复利期间变得无限小的时候，相当于连续计算复利，被称为连续复利计算。

在连续复利的情况下，计算终值的一般公式是：

$FV=PV\times e^{rt}$

其中，PV 为现值，r 为年利率，t 为按年计算的投资期间，e 为自然对数的底数，约等于 2.7182。

经 典 例 题

实例 6-12 连续复利的计算

张小姐打算把 20 万元存款投入某名义利率为 15%的理财产品中，采取连续复利计息方式，则 3 年后可收回多少钱？

解析：采用连续复利计息方式是：

$FV=PV\times e^{rt}=20\times e^{0.15\times 3}=31.3662$ 万元

因此 3 年后张小姐可收回 31.3662 万元。

实例 6-13 北美的法律规定，在消费信贷中，信贷协议中期间利率必须等于名义年利率(APR)除以年度期间数量。问：如果银行给出的汽车贷款利率为每月 1%。APR 是多少？EAR 是多少？

解析：APR=1%×12=12%

$EAR=(1+1\%)^{12}-1=1.126825-1=12.6825\%$

8.假定某投资者购买了某种理财产品，该产品的当前价格是 75.13 元人民币，3 年后可获得 100 元，则该投资者获得的按复利计算的年收益率为（　　）。

A.10%　　　　B.8.29%

C.24.87%　　　　D.9%

【答案】A

9.假定年利率为 20%，每半年计利息一次，则有效年利率为（　　）。

A.10%　　　　B.20%

C.21%　　　　D.40%

【答案】C

10.以下关于复利期间和有效年利率说法中，不正确的有（　　）。

A.1 年内对金融资产计 m 次复利，t 年后，得到的价值是：FV=C0/【1+(r/m)mt】

B.有效年利率的计算公式为：EAR=【1+(r/m)】m-1

C.有效年利率的计算公式为：EAR=【1+(r/m)】m-1

D.1 年内对金融资产计 m 次复利，t 年后，得到的价值是：FV=C0×【1+(r/m)mt】

E.随着复利次数的增加，同一个年名义利率算出的有效年利率也会不断增加，但增加的速度会越来越慢

【答案】AC

【知识点】六、期末年金与期初年金

年金(普通年金)是指在一定期限内，时间间隔相同、不间断、金额相等、方向相同的一系列现金流。年金通常用 PMT 表示。

根据等值现金流发生的时间点的不同，年金可以分为期初年金和期末年金。期初年金指在一定时期内每期期初发生系列相等的收付款项，即现金流发生在当期期初，比如说生活费支出、教育费支出、

房租支出等；期末年金即现金流发生在当期期末，比如说房贷支出等。期初年金与期末年金并无实质性的差别，二者仅在于收付款时间的不同。

(一)期末年金现值和终值的计算

(期末)年金现值的公式为：$PV=\frac{C}{r}\left[1-\frac{1}{(1+r)^t}\right]$

(期末)年金终值的公式为：$FV=\frac{C[(1+r)^t-1]}{r}$

经典例题

实例 6-14 刘老师采用分期付款方式购买电脑，期限 36 个月，每月底支付 400 元，年利率 7%，那么荆老师能购买一台价值多少钱的电脑？

解析：$PV=\frac{400}{0.07/12}\left[1-\frac{1}{(1+\frac{0.07}{12})^{36}}\right]$=12954.59 元

因此，刘老师可以购买一台配置较高的价值 12954.59 元的电脑。

实例 6-15 曹先生 8 年后退休，他打算为退休后准备一笔旅游基金。理财经理为他推荐一款固定收益率为 7%的基金产品，曹先生决定每年存入 5000 元。那么曹先生退休后能获得多少旅游基金？

解析：$FV=\frac{5000[(1+0.07)^8-1]}{0.07}$=51299 元

曹先生在退休后可以有五万多元的资金去自由旅行。

(二)期初年金的计算

期初年金现值等于期末年金现值的(1+r)倍，

即 $PV_{REC}=PV_{END}(1+r)$

$PV_{BEC}=\frac{C}{R}\left[1-(\frac{1}{1+r})^T\right](1+r)$

期初年金终值等于期末年金终值的(1+r)倍，即：

$FV_{BEC}=FV_{END}(1+r)FV_{BEC}=\frac{C}{r}[(1+r)^T-1](1+r)$

经典例题

实例 6-16 胡女士作为信托受益人，将在未来 20 年内每年年初获得 1 万元，年利率为 5%，这笔年金的现值为多少？

解析：$PC_{BEC}=\frac{10000}{5\%}\left[1-(\frac{1}{1+5\%})^{20}\right](1+5\%)$=130853 元

实例 6-17 接上一实例，这笔年金 20 年后的终值为多少？

解析：$FV_{BEC}=\frac{10000}{5\%}[(1+5\%)^{20}-1](1+5\%)$=347193 元

实例 6-18(此案例可不掌握,如感兴趣,可以自己去看,用到的知识点同上面几个例题)。

11.下列关于年金的说法中,正确的有(　　)。

A.年金是指一定期间内每期相等金额的收付款项

B.分期偿还贷款属于年金收付形式

C.年金额是指每次发生收支的金额

D.年金时期是指相邻两次年金额间隔时间

E.年金期间是指整个年金收支的持续期,一般有若干个时期

【答案】ABC

【知识点】七、永续年金

永续年金是指在无限期内,时间间隔相同、不间断、金额相等、方向相同的一系列现金流。比如优先股,它有固定的股利而无到期日,其股利可视为永续年金;未规定偿还期限的债券,其利息也可视为永续年金。

$$PV=\frac{C}{(1+r)}+\frac{C}{(1+r)^2}+\frac{C}{(1+r)^3}+\cdots$$

(期末)永续年金现值的公式为:$PV=\frac{C}{r}$

经典例题

实例 6-19 陈先生近日购买某股票,每股股票每年末支付股利 1 元,若年利率为 5%,那么它的价格为多少?

解析:$PV=\frac{C}{r}=\frac{1}{5\%}=20$ 元。

12.只有现值没有终值的年金是(　　)。

A.永续年金

B.先付年金

C.后付年金

D.延期年金

【答案】A

【知识点】八、增长型年金

(一)普通增长型年金

增长型年金(等比增长型年金)是指在一定期限内,时间间隔相同、不间断、金额不相等但每期增长率相等、方向相同的一系列现金流。

$$PV=\frac{C}{(1+r)}+\frac{C\times(1+g)}{(1+r)^2}+\cdots+\frac{C\times(1+g)^{t-1}}{(1+r)^t}$$

$$FV=C\times(1+r)^{t-1}+C\times(1+g)(1+r)^{t-2}+C\times(1+g)^2(1+r)^{t-2}+\cdots+C\times(1+g)^{t-1}$$

其中,C 表示第一年现金流,g 表示每年固定增长比率,r 代表现金流的收益率或贴现率。

(期末)增长型年金现值的计算公式为:

1.当 $r>g$ 时,$PV=\frac{C}{r-g}\left[1-\left(\frac{1+g}{1+r}\right)^t\right]$

2.当 $r<g$ 时,$PV=\frac{C}{r-g}\left[1-\left(\frac{1+g}{1+r}\right)^t\right]$

3.当 $r=g$ 时,$PV=\frac{tC}{1+r}$

(期末)增长型年金终值的计算公式为:

1.当 $r>g$ 时,$FV=\frac{C(1+r)^t}{r-g}\left[1-\left(\frac{1+g}{1+r}\right)^t\right]$

2.当 $r<g$ 时,$FV=\frac{C(1+r)^t}{r-g}\left[1-\left(\frac{1+g}{1+r}\right)^t\right]$

3.当 $r=g$ 时,$FV=tC(1+r)^{t-1}$

经典例题

实例 6-20 某基金会拟一项新的教育计划,打算为某山区小学提供 20 年的教育补助,每年年底支付,第一年为 10 万元,并在往后每年增长 5%,贴现率为 10%,那么这项教育补助计划的现值为多少?

解析:$PV=\frac{10}{0.1-0.05}\left[1-\left(\frac{1+0.05}{1+0.1}\right)^{20}\right]=121.1208$ 万元

(二)增长型永续年金

增长型永续年金是指在无限期内,时间间隔相同、不间断、金额不相等但每期增长率相等、方向相同的一系列现金流。

(期末)增长型永续年金的现值计算公式($r>g$)为:

$$PV=\frac{C}{r-g}$$

经典例题

实例 6-21 现有理财保险产品为增长型永续年金性质,第一年将分红 3000 元,并得以 3%的速度增长下去,年贴现率为 6%,那么该产品的现值为多少?

解析:$PV=\frac{3000}{(0.06-0.03)}=100000$ 元

【知识点】九、净现值(NPV)

净现值(NPV):是指所有现金流(包括正现金流和负现金流在内)的现值之和。净现值为正值,说明投资能够获利,净现值为负值,说明投资是亏损的。

$$NPV=\sum_{t=0}^{T}\frac{C_t}{(1+r)^t}$$

对于一个投资项目,如果 $NPV>0$,表明该项目在 r 的回报率要求下是可行的,且 NPV 越大,投资收益越高。

相反地，如果 $NPV<0$，表明该项目在 r 的回报率要求下是不可行的。

经典例题

实例 6–22 已知一个投资项目要求的回报率和现金流状况是：初始投资 10000 元，共投资 4 年，如果贴现率为 5%，未来四年每年的现金流如下表所示，求这个投资项目净现值，问是否能够盈利。

年度	现金流
1	+2000
2	+3000
3	+4000
4	+5000

解析：那么净现值为：

$$NPV=\sum_{t=0}^{T}\frac{C_t}{(1+r)^t}=-10000+\frac{2000}{1.05}+\frac{3000}{(1.05)^2}+\frac{4000}{(1.05)^3}+\frac{5000}{(1.05)^4}=2194.71$$

$NPV=2194.71>0$

结论：该投资可以盈利。

13.半年期的无息政府债券（182 天）面值为 1000 元，发行价为 982.35 元，则该债券的投资收益率为（　）。

A.1.76%　　B.1.79%

C.3.55%　　D.3.49%

【答案】C

14.净现值指标的优点有（　）。

A.考虑了资金时间价值

B.考虑了项目计算期的全部净现金流量

C.考虑了投资风险

D.可从动态上反映项目的收益率

【答案】ABC

【知识点】十、内部回报率（IRR）

内部回报率（IRR），又称内部报酬率或者内部收益率，是指使现金流的现值之和等于零的利率，即净现值等于 0 的贴现率。

$$NPV=\sum_{t=0}^{T}\frac{C_t}{(1+IRR)^t}$$

对于一个投资项目，如果 $r<IRR$，表明该项目有利可图；

相反地，如果 $r>IRR$，表明该项目无利可图。其中 r 表示融资成本。

经典例题

实例 6-23 接上一实例，该项目的内部回报率为：

$$NPV=\sum_{t=0}^{T}\frac{C_t}{(1+IRR)^t}$$

$$=-10000+\frac{2000}{1+IRR}+\frac{3000}{(1+IRR)^2}+\frac{4000}{(1+IRR)^3}+\frac{5000}{(1+IRR)^4}=0$$

$\Rightarrow IRR=12.83\%>5\%$

结论：该项目值得进行投资。

15.内含报酬率是指(　　)

A.投资报酬与总投资的比率

B.项目投资实际可望达到的报酬率

C.投资报酬现值与总投资现值的比率

D.使投资方案净现值为零的贴现率

【答案】BD

【知识点】十一、复利与年金系数表

(一)复利终值

复利终值通常指单笔投资在若干年后所反映的投资价值，包括本金、利息、红利和资本利得。理论上，复利终值计算公式为：

$FV=PV\times(1+r)^n$

其中，FV 代表终值(本金+利息)；

PV 代表现值(本金)；

r 代表利率、投资报酬率或通货膨胀率；

n 代表期数；

$(1+r)^n$ 代表复利终值系数。

以上参数中，n 与 r 为查表时对照的变量。复利终值系数表中 PV(现值)已假定为 1，FV(终值)即为终值系数。

经典例题

实例 6-24 熊先生于 2003 年在投资回报率为 4%的理财产品上投资 20 万元，用查表法计算 10 年后熊先生可以拿到多少钱？

表 6-1 复利终值系数表

n/r	1%	2%	3%	4%	5%	6%	7%	8%
1	1.010	1.020	1.030	1.040	1.050	1.060	1.070	1.080
2	1.020	1.040	1.061	1.082	1.103	1.124	1.145	1.166
3	1.030	1.061	1.093	1.125	1.158	1.191	1.225	1.260
4	1.041	1.082	1.126	1.170	1.216	1.262	1.311	1.360

（续表）

n/r	1%	2%	3%	4%	5%	6%	7%	8%
5	1.051	1.104	1.159	1.217	1.276	1.338	1.403	1.469
6	1.062	1.126	1.194	1.265	1.340	1.419	1.501	1.587
7	1.072	1.149	1.230	1.316	1.407	1.504	1.606	1.714
8	1.083	1.172	1.267	1.369	1.477	1.594	1.718	1.851
9	1.094	1.195	1.305	1.423	1.551	1.698	1.838	1.999
10	1.105	1.219	1.344	1.480	1.629	1.791	1.967	2.159
11	1.116	1.243	1.384	1.539	1.710	1.898	2.105	2.332
12	1.127	1.268	1.426	1.601	1.769	2.012	2.252	2.518

表 6-1 中，纵向 n 表示年数，横向 r 则表示投资回报率实例 6-24 中的产品是回报率(r)为 4%为期 10 年(n)的信托产品，通过查表找到 r 与 n 相交的数字为 1.480，即复利终值系数$(1+r)^n$ 为 1.480。

那么 10 年后熊先生可以拿到本利和为：

$FV=PV\times(1+r)^n=200000$ 元$\times1.480=296000$ 元

（二）复利现值

复利现值一般指当要实现期末期望获得的投资价值时，在给定的投资报酬率和投资期限的情况下，以复利计算出投资者在期初应投入的金额。是复利终值的逆运算。理论上，复利现值计算公式为：

$$PV=\frac{FV}{(1+r)^n}=FV\times(1+r)^{-n}$$

其中，PV 代表现值（期初投资金额）；

FV 代表终值（期末获得投资价值）；

r 代表折现率、投资报酬率或通货膨胀率；

$(1+r)^{-n}$ 代表复利现值系数。

以上参数中，n 与 r 为查表时对照的变量，复利现值系数表中已假定终值(FV)为 1，现值(PV)就是复利现值系数。

经 典 例 题

实例 6-25 李先生准备投资一笔钱用于 8 年后为儿子购置一套婚房，预计需要 50 万元作为首付，现有一个期望收益率为 6%的基金产品非常适合他，那么他需要为购房准备多少资金？

表 6—2 复利现值系数表

n/r	1%	2%	3%	4%	5%	6%	7%	8%	9%
1	0.990	0.980	0.971	0.962	0.952	0.943	0.935	0.926	0.917
2	1.980	0.926	0.943	0.924	0.907	0.890	0.873	0.858	0.842
3	0.970	0.943	0.915	0.889	0.864	0.840	0.816	0.794	0.772
4	0.961	0.924	0.888	0.855	0.822	0.792	0.763	0.735	0.708
5	0.951	0.906	0.863	0.822	0.784	0.747	0.713	0.681	0.650
6	0.942	0.888	0.838	0.791	0.746	0.705	0.666	0.630	0.596
7	0.933	0.870	0.813	0.760	0.711	0.665	0.623	0.583	0.547

（续表）

n/r	1%	2%	3%	4%	5%	6%	7%	8%	9%
8	0.923	0.853	0.789	0.730	0.677	0.627	0.582	0.540	0.502
9	0.914	0.837	0.766	0.703	0.645	0.592	0.544	0.500	0.460
10	0.905	0.820	0.744	0.676	0.614	0.558	0.508	0.463	0.422
11	0.896	0.805	0.723	0.650	0.585	0.527	0.475	0.429	0.388
12	0.887	0.789	0.701	0.625	0.557	0.497	0.444	0.397	0.355

实例 6-25 中的基金产品的回报率 r 是 6%，李先生打算持续投资 8 年(n)，根据复利现值系数表可以找到 r 与 n 的相交点 0.627，也就说明在 6%的回报率的前提下，只要存 0.627 元，那么 8 年后就可以获得 1 元。

所以李先生希望在 8 年后获得 50 万元，那么现在应该投入：

$PV=FV\times(1+r)^{-n}=500000\times0.627=313500$ 元

（三）普通年金终值

普通年金终值(Future Value of Annuity)是通过货币时间价值，在给定的回报率下，计算年金现金流的终值之和，以计算期期末为基准。

普通年金现金流一般都具备等额与连续这两个特征：每期的现金流人与流出的金额必须固定且出入方向一致，并保证在计算期内各期现金流量不能中断。没有满足以上两个特征都不算是普通年金。

通常在没有特别情况说明时，年金是指期末普通年金。理论上，期末普通年金终值的表达式是：

$FV_{END}=PMT(1+r)^{n-1}+PMT(1+r)^{n-2}+PMT(1+r)^{n-3}+\cdots+PMT$

$=PMT[(1+r)^{n-2}+(1+r)^{n-2}+(1+r)^{n-3}+\cdots+1]$

$=PMT\times\frac{(1+r)^{n}-1}{r}$

其中，FV 代表期末普通年金终值；

PMT 代表年金；

$\frac{(1+r)^{n}-1}{r}$ 代表期末普通年金终值系数；

r 代表投资回报率；

n 代表期数。

以上参数中，n 与 r 作为普通年金终值系数表的参照变量。表中的系数即为当年金为 1 元钱的时候，在某固定投资报酬率下的期末普通年金终值。

经典例题

实例 6-26 国华集团从 2006 年到 2013 年每年年底存入银行 100 万元，存款利率为 5%，问 2013 年底可累计多少金额？

解析：通过给定的利率与时间，可以在普通年金终值系数表中查到 n 与 r 的相交点为 9.549。这说明如果国华集团每年都存入 1 元钱给银行，在存款利率为 5%的情况下，8 年后可以获得 9.549 元。那么当国华集团每年存人的金额为 100 万元时，8 年后(2013 年)可累计金额为：

$FV=PMT\times\frac{(1+r)^n-1}{r}$

=100 万元×9.549

=954.9 万元

如果要求计算期初普通年金,则其表达式为:

$FV_{BGN}=PMT(1+r)^n+PMT(1+r)^{n-1}+PMT(1+r)^{n-2}+\cdots+PMT(1+r)$

$=PMT[(1+r)^n+(1+r)^{n-1}+(1+r)^{n-2}+\cdots+(1+r)]$

$=FV_{END}\times(1+r)$

如果在需要计算期初普通年金终值时,手边只有期末普通年金系数表,那么只要在投资期限与投资报酬率相等的情况下,可以通过期末年金终值系数计算出期初普通年金终值系数:期初普通年金终值系数(n,r)=期末普通年金终值系数$(n,r)-1+$复利终值系数(n,r)

还可换算为:期末普通年金终值系数$(n,r)+$复利终值系数$(n,r)-1$=期末普通年金终值系数$(n+1,r)-1$

(四)普通年金现值

普通年金现值是以计算期期末为基准，按照货币时间价值计算未来每期在给定的报酬率下可收取或者给付的年金现金流的折现值之和。其中的每期(n)可为年、月或者季度等。类似普通年金终值,它也分为期初年金与期末年金。期末普通年金现值的表达式为:

$PV_{END}=\frac{PMT}{1+r}+\frac{PMT}{(1+r)^2}+\frac{PMT}{(1+r)^3}+\cdots+\frac{PMT}{(1+r)^n}=PMT\times\frac{1-(1+r)^{-n}}{r}$

其中,PV_{END}代表期末普通年金现值;

PMT代表年金;

$\frac{1-(1+r)^{-n}}{r}$代表普通年金现值系数;

r代表报酬率;

n代表折现期数。

简而言之,期末普通年金现值系数就是每一期的复利现值系数的相加所得总数。

比如一个回报率为 5%为期 3 年的产品,它的

普通年金现值系数$=\frac{1-(1+5\%)^{-3}}{5\%}=2.723=0.952+0.907+0.864$

与普通年金终值一样,期初普通年金现值与期末普通年金现值也存在着联系。在投资期限和回报率相同的情况下,期初普通年金现值系数一定大于期末普通年金现值系数,原因在于期初普通年金当期期初的投资不会折现。那么此二者的关系是:

期初普通年金现值系数(n,r)=期末普通年金现值系数$(n,r)+1-$复利现值系数(n,r)

还可换算为:期末普通年金现值系数$(n,r)-$复利现值系数$(n,r)+1$=期末普通年金值系数$(n-1,r)+1$

经典例题

16.假如你有一笔资金收入。若目前领取可得 10000 元,而 3 年后领取则可得 15000 元。如果当前你有一笔投资机会,年复利收益率为 20%,则下列说法中,正确的是(　　)。

A.目前领取并进行投资更有利

B.3 年后领取更有利

9.清除数据:清除储存单元中保存的所有数据,应先进入[MEM]键,再使用 CLRWORK 键;如果需要清除所有数据,包括恢复计算器内所有的设置,则直接按[RESET]司键([2ND+/-]),换而言之就是计算器的格式化。

10.一般四则运算:括号与一般代数运算规则相同,必须对称,否则无法算出正确值,算式练完后按[=]可以求出答案,用[ANS]可以调出前一个计算结果。

11.数学函数计算:操作顺序是先输入数字,再输入该函数所代表的符号。比如 e^3 就应先按 3 再按[e^x];应当按 $6\sqrt{x}$.

12.付款与复利计算设置:[P/Y]表示每年付款次数,再按[↓ C/Y]表示每年计算复利的次数。计算器中[P/Y]与[C/Y]默认值均设定为 1,如果每月付款一次,每季计算复利一次,就应修改设定为 P/Y=12,C/Y=4。一般建议 P/Y 与 C/Y 均设定为 1。这种情况下计算每月付款额(PMT)时,就输入 i/12(月利率),N×12(月数)的数据进行计算。

13.名义年利率换算为有效年利率:同样的名义年利率随着复利频率的不同,有效年利率也会不同。功能键[ICONV]([2ND2])可以帮助进行名义年利率向有效年利率的自动转换。

经典例题

实例 6-29 名义年利率为 8%,按季计算复利,相应的有效年利率是多少?

①[ICONV]键屏幕显示 NOM=0.0000。输入[8ENTER],显示 NOM=8.0000,表示名义年利率为 8%。

②按两次向下键[↓],显示 c/Y=1.0000,由于是按季度计算复利,所以一年足 4 次,则按[↑ENTER]。

③按向上键[↑]显示 EFF=0.0000,接着按[CPT]键得出 EFF=8.2432,这表示有效年利率为 8.24320%。

【知识点】 十三、Excel 的使用

Office 软件作为现代办公软件中应用最为广泛的工具,为我们大多数职场人士所熟悉,其中 Excel 软件中的财务函数为理财师们计算货币时间价值提供了极大的便利。Excel 财务功能包括利率函数、终值现值函数、年金函数、内部报酬率函数等,它集查表法与财务计算器法的优势于一体,能够迅速又准确地计算

出相关财务结果,同时也能够方便地将各个工作表格计算出来的数字相互链接方便最终结果的计算。它已经成为各大银行、证券等金融机构投资理财部门工作中常用的计算工具。

(一)调用 Excel 财务函数方法

(1)打开 Excel 电子表格,在菜单中选择【公式】的功能。

(2)选择插入【函数】中的【财务】。

(3)在财务函数中选择需要用的终值、现值或年金函数:

①Fv 终值函数

②PV 现值函数

③PMT 年金函数

④NPER 期数函数

⑤RATE 利率函数

(4)输入剩下四个变量:比如 RATF 要输入 10%或者 0.1;TYPE 中 1 表示期初,0 表示期末;输入数字的时候,投资、存款、生活费用支出、房贷本息支出等为现金流出输入负号;收入,赎回投资、借入

本金等为现金流入,记为正号。输完所有数字之后按确定键即可求出所需函数。

(二)IRR 与 NPV 的计算

1.IRR 内部报酬率函数:现金流量为正数,就表示现金流人,负数为流出;运用 Excel 表格来计算内部报酬率比财务计算器要便捷许多。

在退休规划中,工作期现金流如果设定为正数那么退休期则为负数,计算出的 IRR 就是实现退休规划所需要的报酬率。

2.NPV 净现值函数:NPV 通常用于比较两个投资方案哪个更优,NPV 越高的方案越划算。

经 典 例 题

22.【单选】(　　)软件中的财务函数为理财师们计算货币时间价值提供了极大的便利。

A.Word　　B.Excel

C.PowerPoint　　D.Outlook

【答案】B

【知识点】十四、金融理财工具的特点及比较

上面分别介绍了几种常用的理财规划中的计算工具及其使用方法。应该说,它们各有其特定和优势,理财师应该熟练掌握一到两种工具或方法。几种计算工具或方法的优劣势比较如下。

表 6—5 金融理财工具比较

工具名称	优点	缺点
复利与年金表	简单,效益高	计算答案不够精准
财务计算表	便于携带,精终	操作流程复杂,不易记住局限
Excel 表格	使用成本低,操作简单	局限性较大,需要电脑
专业财务软件	功能齐全,附加功能多	局限性大,内容缺乏弹性

经 典 例 题

23.【判断】复利与年金表的优点是简单、效益高,缺点是计算答案不够精准。(　　)

A.正确　　B.错误

【答案】A

【知识点】十五、货币时间价值在理财规划中的应用

子女教育规划

房产规划

退休规划

投资规划

保险规划

经典例题

24.【多选】货币时间价值在理财规划中的应用包括(　　)。

A.子女教育规划

B.房产规划

C.退休规划

D.投资规划

E.保险规划

【答案】ABCDE

第七章 理财师的工作流程和方法

【考点图示】

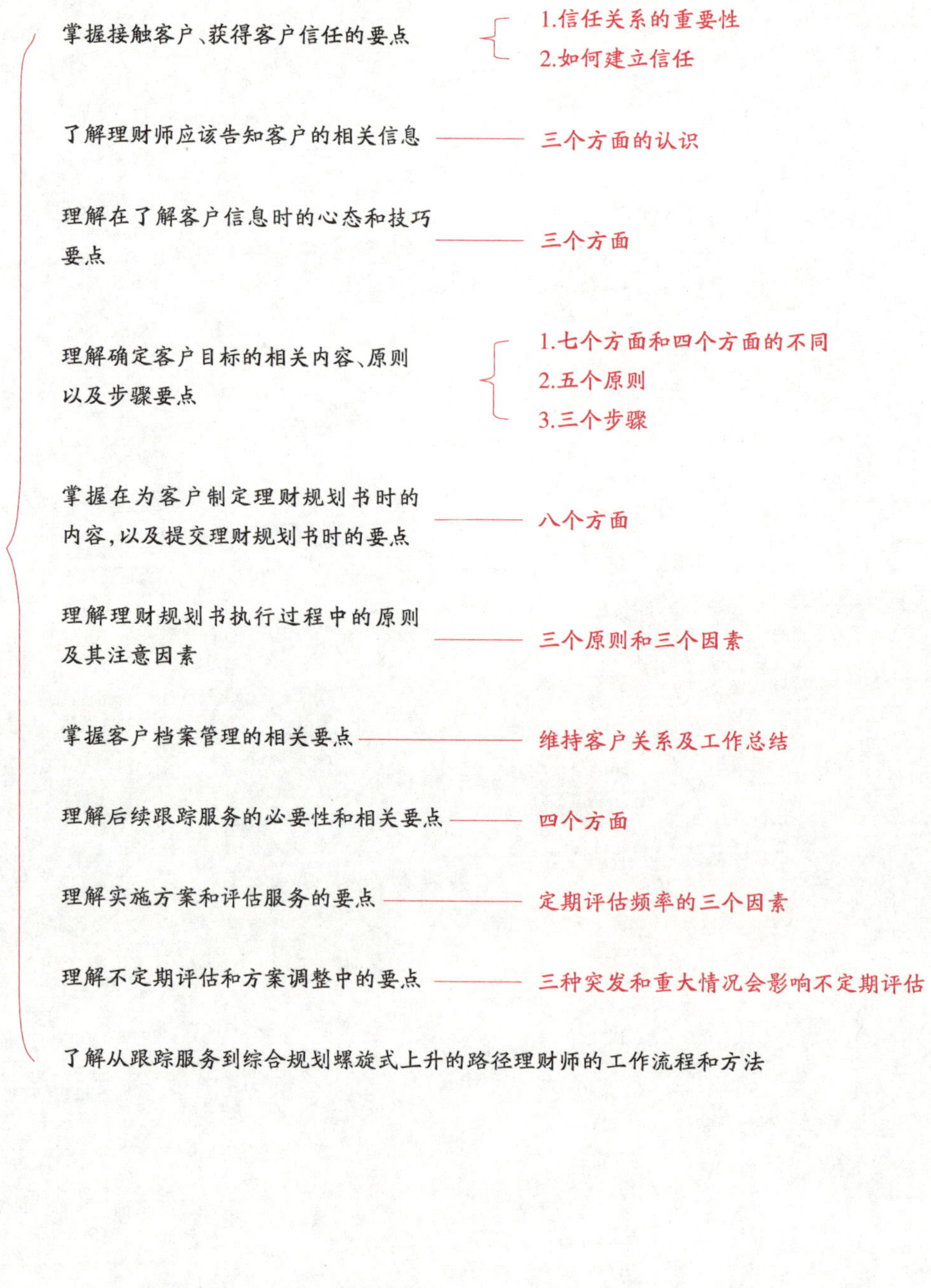

- 掌握接触客户、获得客户信任的要点
  - 1.信任关系的重要性
  - 2.如何建立信任
- 了解理财师应该告知客户的相关信息 —— 三个方面的认识
- 理解在了解客户信息时的心态和技巧要点 —— 三个方面
- 理解确定客户目标的相关内容、原则以及步骤要点
  - 1.七个方面和四个方面的不同
  - 2.五个原则
  - 3.三个步骤
- 掌握在为客户制定理财规划书时的内容，以及提交理财规划书时的要点 —— 八个方面
- 理解理财规划书执行过程中的原则及其注意因素 —— 三个原则和三个因素
- 掌握客户档案管理的相关要点 —— 维持客户关系及工作总结
- 理解后续跟踪服务的必要性和相关要点 —— 四个方面
- 理解实施方案和评估服务的要点 —— 定期评估频率的三个因素
- 理解不定期评估和方案调整中的要点 —— 三种突发和重大情况会影响不定期评估
- 了解从跟踪服务到综合规划螺旋式上升的路径理财师的工作流程和方法

【知识点】一、理财师的工作流程和方法概述

专业理财师的工作目标和重心是“帮助客户解决问题、实现其理财目标”。

我们将理财师的工作流程概括为如下六个方面：

1.接触客户，建立信任关系；

2.收集、整理和分析客户的家庭财务状况；

3.明确客户的理财目标；

4.制订理财规划方案；

5.理财规划方案的执行；

6.后续跟踪服务。

经典例题

1.理财规划服务合同宜采用(　　)。

A.书面形式　　　　B.默示形式

C.见证形式　　　　D.口头形式

【答案】A

【知识点】二、接触客户

初次接触客户阶段，理财师需要明白如下几个问题：

1.理财师的客户从哪里来

在银行许多理财师服务的客户可能由其他同事转介绍过来，或属于主动到访客户，大多数应该是已有现成银行客户；其他金融机构如第三方理财机构的理财师需要自己去寻找、开发客户。“理财师首先应该是一名合格的销售人员”，强调的也是理财师这方面能力的重要性。

2.客户的需求是什么

当一个客户或潜在客户在面前时，理财师首先要做的是了解客户，了解客户的过程也就是收集相关信息、理财需求的过程，然后理财师需要判断客户是否需要理财规划服务、需要哪方面的服务。

经典例题

2.(　　)是理财规划师建立客户关系最重要、最常用的方式，也是理财规划师工作的重要组成部分。

A.保持与老客户的沟通和交流，巩固现有的客户群

B.与潜在客户进行会谈和沟通

C.对潜在客户进行调查

D.扩大客户的范围

【答案】B

【知识点】三、建立信任关系

(一)信任关系的重要性

通过接触和客户建立信任关系是任何服务性工作的首要步骤。客户关系的基础是信任，没有好感、信任，理财师难以了解客户，客户也不愿接受理财师的服务。能不能获得客户的信任，和理财师在和客户接触过程中的表现有着直接的关系。

(二)如何建立信任

专业理财师在和客户建立关系的过程中，需要关注以下两个方面的内容

1.明确自身定位，树立专业形象

专业理财师在客户心目中的形象对于客户关系建设至关重要。

2.关注自身礼仪和工作的状态

(1)商务礼仪是在商务活动中体现相互尊重的行为准则。

(2)专业理财师的工作状态在客户接触的过程中起到非常重要的作用。

(3)应更多地关心客户的需求。

经典例题

3.在建立客户关系阶段，最好的建议是(　　)。

A.理财规划师的官方建议

B.理财规划师的个人建议

C.理财规划机构的机构检疫

D.客户的“自我建议”

【答案】D

【知识点】四、需要告知客户的理财服务信息

具体来说，除了了解客户的基本信息和初步需求外，在这一阶段理财师需要坦诚地让客户对理财规划服务有如下三方面的认识，这也是与客户建立长期信任关系的基础。

(一)解决财务问题的条件和方法

在初次接触客户时。理财师需要了解并明确客户的财务问题或理财目标，并利用自身的专业能力为客户分析该财务问题或目标可能涉及的其他因素。

(二)了解、收集客户相关信息的必要性

一开始在向客户介绍专业理财服务时，理财师应向客户说明，为了帮助其解决当前以及未来的财务问题，理财师需要系统性地收集、整理和分析其家庭财务状况和生活状况。

(三)如实告知客户自己的能力范围

理财师应该坦诚地让客户知道自己的工作职责，清楚表达能为客户提供和不能为客户提供的服务。

经典例题

4.【单选】在初次接触客户时，理财师需要了解并明确客户的(　　)。

A.财务问题

B.理财目标

C.财务问题或理财目标

D.财务需求

【答案】C

【知识点】五、收集客户信息的必要性和基本技巧

(一)信息收集的重要性

深入了解客户是任何理财咨询专业服务的必然条件，但客户家庭财务状况信息的收集对尚处于初级阶段的国内理财行业而言，还不是一件容易的事情。

(二)信息收集的方法和步骤

在实际的客户信息收集工作中，理财师比较容易犯的一个错误就是"没有告诉客户为什么我们需要这些信息"，或者"没有告诉客户有了这些信息，我们能反馈什么他们需要的资讯"。

信息收集的具体步骤包括：

首先，理财师自己没有心理障碍。

其次，引导客户，告诉客户为什么我们要了解这些信息：我们能通过这些信息，可以向他反馈那些能够帮助他做好家庭财务决定的资讯；

再次，在具体提问的时候，尽可能先围绕客户关心的问题，不要去问那些与其不相关的信息；

最后，制定系统性收集客户信息的框架，以便于把问题延伸出来，较为全面地了解客户信息。

经典例题

5.在收集客户信息时，非财务信息因不如财务信息重要而可以有选择地填写。(　　)

【答案】×

【知识点】六、客户信息的内容

客户信息包括了定量信息和定性信息。

定量信息包括了以下几个主要方面的信息：

1.家庭各类资产额度；

2.家庭各类负债额度；

3.家庭各类收入额度；

4.家庭各类支出额度；

5.家庭储蓄额度。

定性信息则包含的内容更加广泛，包括：

1.家庭基本信息：联系方式、住址、家庭主要成员结构等。

2.职业生涯发展状况：包括所在行业、职业职位、职业生涯发展前景等。

3.家庭主要成员的情况：包括客户及其配偶的风险属性、性格特征、受教育程度、投资经验、人生观、财富观等，还包括子女的情况，如是否财务独立或者学程阶段等。

4.客户的期望和目标：客户的生活品质要求，以及按时间长短可分为短、中、长期的理财目标。

其中定量信息主要靠理财师收集，定性信息更多的是靠与客户沟通过程中的观察和了解。

经 典 例 题

6.以下属于财务信息的有(　　)。

A.客户的收支情况

B.资产与负债情况

C.投资偏好

D.价值观

E.社会保障信息

【答案】ABE

7.客户在提供收入信息时，要提供已经实现的收入，已经承诺但尚未实际取得的收入不用提供。(　　)

【答案】×

【知识点】七、客户信息的整理

在收集了客户所提供的家庭财务信息后，我们会发现这些信息都是“没有经过处理的数据(Data)”，而专业理财师的工作就是要把这些数据通过专业分析转换成对客户更为有用的“信息(Information)”。要对客户信息进行全面的分析，还有一个非常重要的步骤就是要按标准化的格式，对所收集到的“数据”进行整理。

客户信息的整理通常是针对定量信息，一般汇总为家庭资产负债表和收支储蓄表：

通过资产负债表对客户家庭的资产负债进行分类、统计；

通过家庭收支储蓄表对客户的收入、支出和储蓄结构、状况进行分类、统计。

经 典 例 题

8.【多选】客户信息的整理通常是针对定量信息，一般汇总为(　　)。

A.家庭固定资产表

B.家庭资产负债表

C.收支储蓄表

D.收支明细表

E.家庭年金表

【答案】BC

【知识点】八、分析客户财务现状

对客户家庭信息进行整理后，接下来理财师的工作就进入到客户家庭财务现状的分析环节。主要的分析内容分为以下几个部分：

1.资产负债结构分析；

2.收入结构分析；

3.支出结构分析；

4.储蓄结构分析。

综合家庭财务现状分析，主要是根据信息整理情况，提供家庭财务现状中以下几个方面的综合分析：

1.家庭流动性现状分析；

2.信用和债务管理现状分析；

3.收支储蓄现状分析；

4.资产结构、资产配置和投资现状分析；

5.家庭财务保障现状分析。

经典例题

9.【多选】客户家庭财务现状的分析内容分为(　　)。

A.资产负债结构分析

B.收入结构分析

C.支出结构分析

D.储蓄结构分析

E.家庭年金分析

【答案】ABCD

【知识点】九、理财目标的内容

客户的理财目标一般包括以下几方面的内容：

1.家庭收支与债务管理；

2.家庭财富保障；

3.投资规划；

4.教育投资规划；

5.退休养老规划；

6.税务规划；

7.遗嘱、遗产分配。

也有教科书把客户的理财目标内容概括为四方面，即财富积累、财富保障、财富增值和财富分配。

1.财富积累，主要讨论的是家庭收支与债务管理；

2.财富保障，主要针对人身、财产保障等的保险计划；

3.财富增值，主要解决的财务问题是教育和养老的资金需求和投资规划；

4.财富分配,包含税务安排和遗产分配。

尽管如此,从一般的角度而言,人的理财目标无论做何种分类,都可以归结为两个层次:实现财务安全和财务自由。

财务安全指个人或家庭对自己的财务现状充满信心,认为现有的财富足以应对未来的财务支出和其他生活目标的实现,不会出现大的财务危机。一般来说,衡量一个人或者家庭的财务安全,主要包括以下内容:

1.是否有稳定、充足的收入;

2.个人事业是否有发展的潜力;

3.是否有充足的现金准备;

4.是否有舒适的住房;

5.是否购买了适当的财产和人身保险;

6.是否有适当、收益稳定投资;

7.是否享受社会保障;

8.是否有额外的养老保障计划。

财务自由是指个人和家庭的收入主要来源于主动投资而不是被动工作。一般来说,个人或家庭的收入来自于以下两部分:

1.一部分是工资薪金和其他与社会工作角色相关的收入如养老金和年金等;

2.一部分是个人或家庭进行金融投资或实业投资所得。

经典例题

10.【判断】人的理财目标可以归结为两个层次:实现财务安全和财务自由。(　)

A.正确

B.错误

【答案】A

【知识点】十、理财目标确定的原则

理财目标的确定,必须遵循一定的原则通常即必须遵循 SMART 原则。

1.理财目标要具体明确(Specific)。

2.理财目标必须是可以量化和检验的(Measurable)。

3.理财目标必须具备合理性和可行性(Attainable)。

4.实事求是(Realistic)。

5.理财目标要有时限和先后顺序(Time-binding)。

经典例题

11.理财目标确定的原则有(　)。

A.理财目标不需要考虑客户的现金准备

B.以改善客户财务状况,使之更加合理为主旨

C.理财目标要具体明确

D.理财目标必须具有现实性

E.理财目标要兼顾不同的期限和先后顺序

【答案】BCDE

【知识点】十一、确定理财目标的步骤

理财师在了解客户需求、明确具体理财目标时应遵循下列几大步骤。

(一)首先理财师应确保了解客户的基本信息、财务状况、可以运用的财务资源,并且通过交流和沟通,了解客户的风险偏好、投资需求和目标等主观判断信息。在确定客户的理财目标前,先征询客户的期望目标。

(二)理财师根据对客户财务状况及期望目标的了解,初步评估客户的理财目标的可行性和合理性。

(三)如果出现上述情况,理财师应征询客户的意见并和客户一起对理财目标进行调整,从而确定理财目标,使其具体、明确、合理、可行。

经典例题

12.【单选】在确定客户的理财目标前,先征询客户的(　　)。

A.期望目标

B.财务目标

C.家庭目标

D.过往目标

【答案】A

【知识点】十二、理财规划方案的内容

每个客户的情况和目标有所不同,其理财规划方案的组成部分也可能有较大差异,除了一些特别规划的项目外,理财规划方案一般包含以下基本规划:

1.家庭收支、债务规划;

2.风险管理规划;

3.退休养老规划;

4.教育规划;

5.投资规划;

6.税务筹划;

7.财富分配和传承规划等。

(一)家庭收支和债务规划

家庭收支规划,也就是家庭收支平衡规划。这包含如下六方面内容:

1.家庭收支平衡规划的内容,包括家庭消费支出、债务规划和现金管理;债务管理其实就是个人、家庭不同时期收支平衡的问题。

2.家庭收支平衡规划的目的,不是简单保持家庭月或年收支平衡或略有盈余,它包括在不影响客

户家庭生活品质和兼顾客户中、长期理财目标财务安排的基础上的收支平衡管理。

3.家庭收支储蓄表和资产负债表是分析家庭财务状况、进行家庭收支规划最重要的指标和工具。

4.家庭消费开支规划的内容及意义，主要是基于一定的财务资源下，对家庭消费水平和消费结构进行规划，以达到适度消费，保证家庭的生活品质，满足客户一生的收支平衡。

5.家庭收入规划。

6.现金管理规划。现金规划的核心是建立应急基金，保障个人和家庭生活质量和状态的持续性稳定，是针对家庭财务流动性的管理。

（二）财富保障与规划

"天有不测风云"，每个家庭在理财规划中必须考虑风险管理，因为财务风险会成为影响客户实现不同人生阶段理财目标的不利因素。

一个家庭在其不同的人生阶段，涉及大量的风险，这些风险主要包括：投资风险、信用风险、责任风险、意外财产风险以及因为人身风险而引发的家庭财务危机。

（三）退休养老规划

制定退休养老规划的目的是保证客户在将来有一个自立、尊严、高品质的退休生活。退休规划的关键内容和注意事项包括以下几点：

1.根据客户的财务资源对客户未来可以获得的退休生活进行合理规划，内容包括理想退休后生活设计、退休养老成本计算和退休后的收入来源估计和相应的储蓄、投资计划。

2.由于通货膨胀、生活水平提高等因素，退休养老成本高，远超许多人的预期。

3.退休养老收入一般分为三大来源：社会养老保险、企业年金和个人储蓄投资。

（四）教育投资规划

教育规划包括子女教育规划和客户自身教育规划两种情况。

（五）投资规划

为客户制定根据其理财目标和自身情况的投资计划，并不是单纯地追求更高的投资收益，合理的投资规划是根据客户自身情况制订的风险与收益的平衡选择，更是为客户不同时期的理财目标而设计的；实现既定的理财目标和预期收益是最好的评价标准。

（六）税务规划

税务规划是帮助纳税人在法律允许的范围内，通过对经营、理财和薪酬等经济活动的事先筹划和安排，充分利用税法提供的优惠与待遇差别，以减轻税负，达到整体税后利润、收入最大化的过程。

（七）财产传承规划

财产分配规划是指为了使家庭财产及其产生的收益在家庭成员之间实现合理的分配而做的财务规划。财产传承规划是为了保证家庭财产实现代际相传、安全让渡而设计的财务方案，也就是遗产规划，是当事人在其健在时通过选择遗产管理工具和制定遗产分配方案，将拥有或控制的各种资产或负债进行安排，确保在自己去世或丧失行为能力时能够根据自己的意愿分配、处置；财富分配和传承规划是客户家庭综合理财规划的重要组成部分。

经典例题

13.企业举办的补充养老保险计划,主要就是(　)。

A.工伤保险

B.基本医疗保险

C.失业保险

D.企业年金

【答案】D

答案解析:退休养老收入一般分为三大来源:社会养老保险、企业年金和个人储蓄投资。

【知识点】十三、制定和提交书面理财规划方案

理财规划书要做到内容专业科学,形式规范、标准。

在规划书文本制作完毕后,理财师应与客户联系确定会面的时间和地点,当面解释理财规划书内容;这时理财师应尽量做到简明扼要、通俗易懂。在帮助客户建立起对方案的整体印象后,理财师可开始对理财方案进行具体的分项说明。

在方案说明过程中,理财师应根据情况主动引导客户提出问题并作出回答。对于方案重点问题则应当详细阐述,并提请客户一一确认。

在这个过程中,理财师应注意以下八个方面的要求:

1.使用通俗易懂的语言使得客户清楚地了解理财规划书的内容和方案建议;

2.对各类假设情况、一些概念名词和(面临不确定情况时的)选择决定要具体说明;

3.在介绍理财师分析、建议时,要紧密结合客户的情况,把如何解决客户理财需求(目标)放在中心地位,避免产品赢传、推销的嫌疑;

4.应多注意客户的反应和反馈,尽可能地鼓励客户多问问题;同时对客户的问题进行耐心地解释,自始至终让客户参与其中;

5.给客户足够的时间消化并理解理财规划书的内容和建议;

6.建议客户和家人讨论理财规划书的内容和建议;

7.如实告知客户方案实施中可能涉及的风险、方案实施成本、免责条款,以及规划方案中没有解决的遗留问题和需要其他专业人士协助解决的问题等;

8.必要时根据客户的反馈对理财规划书进行进一步修改,然后再与客户沟通、确认。

经典例题

14.当理财方案经过必要的修改最终交付客户后,客户相信自己已经完全理解了整套方案,并且对方案内容表示满意,此时理财规划师可以要求客户签署客户声明。声明内容主要包括(　)。

A.已经完整阅读该方案

B.信息真实准确,没有重大遗漏

C.理财规划师已就重要问题进行了必要解释

D.接受该方案

E.客户应当声明,基于对理财规划师的了解,完全同意由理财规划师对理财方案进行具体实施

【答案】ABCD

【知识点】十四、执行理财规划方案的原则

在理财方案执行过程中，专业理财师应遵循以下相应的原则，主要包括了解原则、诚信原则和连续性原则等。

（一）了解原则

应以充分了解客户真实需求为基础，选择与客户情况、财务目标及方案实施要求相一致的金融产品和服务。

（二）诚信原则

理财师应对提供给客户的产品和服务进行深入的调查和恰当的评估，在有效的信息基础上形成专业判断，帮助客户选择和确定相应的金融产品和服务。

（三）连续性原则

由于理财规划方案实施时间跨度可能较长，理财师一方面应向客户提供持续的信息反馈、建议和专业指导意见，另一方面要为客户建立完整的客户档案，即使在本人因为工作调动等原因不能再服务客户时，不同的理财师也可以为某一特定客户的理财方案的执行和实施提供连续性金融服务。

经典例题

15.通常情况下，理财方案的执行人是（　　）。

A.客户本人

B.理财规划师

C.客户指定的除理财规划师外的其他专业人士

D.理财规划师所在机构

【答案】B

【知识点】十五、执行理财规划方案的注意因素

理财方案的执行是整个理财规划中最实质性的一个环节，执行的好坏决定着整个理财方案的效果。不论谁具体负责理财规划方案的实施，理财师在其中的沟通协调作用是必不可少的。此时，理财师注意以下几个方面的因素。

（一）时间因素

（二）人员因素

（三）资金成本因素

经典例题

16.【判断】理财方案的执行是整个理财规划中最实质性的一个环节。（　　）

A.正确

B.错误

【答案】A

【知识点】十六、客户档案管理

在理财规划方案的具体实施过程中,必然会产生大量的文件资料,例如会议记录、财务分析报告、授权书、介绍信等。理财师应当对这些文件资料进行存档管理,形成客户档案。

在实施过程中,保存客户的记录和相关文件是相当重要的。一方面,如果以后发生了针对理财师或者所在金融机构的法律纠纷,这些资料就可以作为有力的证据,从而使理财师和所在机构能免予承担不必要的法律责任。另一方面,这些真实而详细的信息、记录,都是理财师不断加深对客户的了解、提升理财师服务水平和维护良好客户关系管理的重要支持。

经典例题

17.【多选】理财师应当对(　　)进行存档管理,形成客户档案。(　　)。

A.会议记录

B.财务分析报告

C.授权书

D.介绍信

E.银行帐单

【答案】ABCD

【知识点】十七、后续跟踪服务的必要性

1.理财规划服务是个过程,不是一次性完成的。

2.客户的理财目标有短期也有长期的,金融机构和理财师理想的情况是给客户提供终生的专业理财服务,甚至成为客户家庭世代的理财师,这就需要理财师提交理财规划方案之后不断做好客户的后续跟踪服务。

3.综合理财方案所依据的数据是建立在预测基础上的,对未来的预估不可能完全准确或一直不变,这会导致方案的最终效果与当初的预期、目标产生较大差异。

4.从金融机构和理财师业务发展角度来说,接受全面理财规划和书面理财规划书服务的理财客户绝大多数都是价值较高的优质客户,如何通过后续跟踪服务,提升客户满意度、加强客户关系以实现客户生命周期价值最大化是每个理财师必须思考和努力实践的工作。

经典例题

18.【单选】实现客户(　　)是每个理财师必须思考和努力实践的工作。

A.生命周期价值最大化

B.收入稳定

C.风险最小

D.收入最多

【答案】A

【知识点】十八、实施方案跟踪和评估服务

定期评估是理财服务的必要步骤和要求,也是理财师应尽的责任。定期评估的频率主要取决于以下三个因素:

1.客户的投资金额和占比。客户的投资金额越大或占比越高,就越是经常需要对其理财规划方案进行检测与评估,因为投资金额较大或占比越高,一旦决策建议错误,损失也较大,客户的心理负担也会越大。

2.客户个人财务状况变化幅度。如果客户正处在事业的黄金时期,收入增长较快;或者正面临退休,就需要理财师经常评估和修改理财方案。反之,家庭生活和财务状况比较稳定的客户就可以相应减少评估次数。

3.客户的投资风格。有些客户偏爱高风险高收益的投资产品,投资风格积极主动;而有些客户属于风险厌恶型的投资者,投资风格谨慎、稳健,注重长期投资。前者比后者更需经常性的理财方案评估。

经典例题

19.【判断】家庭生活和财务状况比较稳定的客户就可以相应减少评估次数。(　)

A.正确　　　　B.错误

【答案】A

【知识点】十九、不定期评估和方案调整

不定期的理财方案或建议评估,以及随后的调整发生在出现某些突发和重大情况时,譬如:

1.宏观经济政策、法规等发生重大改变。

2.金融市场的重大变化。

3.客户自身情况的突然变动。

其中,前两种为外部因素的变化,第三种为客户自身因素变化。

外部因素发生变化导致理财规划方案需要调整的情况比较多。

对于客户自身情况变化,一般是客户主动与理财师联系,寻求建议。

经典例题

20.【多选】不定期的理财方案或建议评估,以及随后的调整发生在(　)。

A.宏观经济政策、法规等发生重大改变

B.金融市场的重大变化

C.汇率发生变化

D.客户自身情况的突然变动

E.商业银行发生人事变动

【答案】ABD

【知识点】二十、从跟踪服务到综合规划的螺旋式提升

作为一名理财师，不能停留在初级阶段，而是把专业理财规划服务作为核心竞争力，在实践过程中，对客户进行不断的引导，展示自身的专业价值，抓住每次机会，把作为标准化服务流程的最后一步，即跟踪服务包括方案调整，都当做新的规划或服务流程的开始，实现真正的服务升级。

在此过程中，理财师要实现由"对客户可投资性资产提供投资产品建议"转向"客户家庭资产负债的全面管理"，更重要的是要帮助客户"做好每一个家庭财务决定"、实现其理财目标和人生幸福。

理财师应注意长期价值创造与品牌提升。

经典例题

21.【单选】理财师应当把专业理财规划服务作为(　　)。

A.基本技能

B.核心竞争力

C.主要工作内容

D.努力目标

【答案】B

附录1 理财师金融服务技巧

【考点图示】

- 理财师商务礼仪与沟通技巧
  - 1.理财师的仪表礼仪
  - 2.会见客户的相关礼仪
  - 3.沟通技巧
- 工作计划与时间管理
  - 1.时间管理的重要性
  - 2.时间管理的方法
  - 3.理财师时间管理实践
- 电话沟通技巧
  - 1.一般电话礼仪
  - 2.外拨电话的步骤和注意事项
- 金融产品服务推荐流程与话术
  - 1.产品卖点总结方法
  - 2.产品服务推荐的流程

考点1 理财师的“仪表”礼仪

1.个人形象六要素

一般而言,影响个人形象有六方面因素:

(1)仪表——仪表者外观也。

(2)表情——第二语言,此时无声胜有声。

(3)风度——优雅的举止。

(4)服饰——教养与阅历的最佳写照。

(5)谈吐语言——低音量、慎选内容、礼貌用语。

(6)待人接物——诚信为本、遵守时间

2.着装的“TOP”原则

Time(时间):着装也分春夏秋冬,比如秋冬季节穿件夏天凉爽短袖肯定不合时宜;

Objective(目的):第一次与VIP客户见面,着装应该比较正式一点,这样显得专业和尊重。男女朋友约会与老朋友会面着装也应有区别。

Place(场合):约见客户和闲暇逛街对着装的选择肯定有所不同

3.男女着装具体注意事项

(1)男士着装三个三原则

三色原则:男士在正式场合穿着西服套装时,全身颜色尽量限制在三种之内,否则就会显得不伦不类,失之于庄重。

三一定律:即三位一色,指男士穿着西服、套装时,鞋子、腰带、公文包的色彩最好统一起来。

三大禁忌:袖口商标没有拆;正规场合穿黑皮鞋、白袜子;正规场合短袖配领带。

(2)女士着装6不准

①不杂乱无章。

②不过分鲜艳。

③不过分暴露。

④不过分透视。

⑤不过分短小。

⑥不过分紧身。

手表:女士尽量不选择时装表。

色彩:尽量不超过3种

4.女性理财师化妆注意事项

(1)自然,“妆成有却无”的状态。

(2)美化,不过分时尚,不标新立异,符合常规审美标准。

(3)避人,理财师是专业人士,有品位教养,不应当众化妆。

(4)协调,颜色协调、质地协调,如指甲油与唇彩要一个颜色;唇彩与衬衫的主色调要协调。

(5)戴首饰总的要求:符合身份,以少为佳。

考点2 会见客户的相关礼仪

要点	内容
守时	预约与守时,已经成为现代职场标准的商务礼仪。理财师主动约见客户,应当事先沟通好,尽量提前几分钟或者准时赴约。 如果提前或晚到时间较多(如十分钟以上),应当通知客户。
握手与自我介绍	1.握手要面带笑容、稍许用力,目视对方、稍事寒暄。 2.伸手握手的先后次序 (1)男女之间,女士先。 (2)长幼之间,长者先。 (3)上下级之间,上级先,下级趋前相握。 (4)迎接客人,主人先。 (5)送走客人,客人先。 3.握手的动作 (1)身体前趋,右臂向前伸出,与身体略呈五六十度的角度,目视对方。手掌心微向左上,拇指前指,目视对方,四指并拢,虎口相对,全掌相握。 (2)握手的力度,热烈而有力,代表信心、热情、勇气和责任心。 (3)握手的时间,轻摇3~4下,整个过程不超过5秒。 4.握手注意事项 (1)不可滥用双手。 (2)不可交叉握手。 (3)双眼要注视对方。 (4)不可手向下压。 (5)不可用力过度。 初次与客户相见,首先要自我介绍。常规做法是先递名片再介绍;介绍时间简短;内容规范、完整;自我介绍的内容一般包括:单位、部门、职务、姓名等
交换名片	1.名片的准备 (1)名片不要和钱包、笔记本等放在一起,原则上应该使用名片夹。 (2)名片可放在上衣口袋(但不可放在裤兜里)。 (3)要保持名片或名片夹的清洁、平整。 2.接收名片 (1)必须起身接收名片。 (2)应用双手接收。 (3)接收的名片不要在上面作标记或写字。 (4)接收的名片不可来回摆弄。 (5)接收到名片时,要认真地看一遍,熟悉对方的姓名、职务等。 (6)不要将对方的名片遗忘在座位上,或存放时不注意落在地上。 3.递名片 (1)递名片的次序是由下级或访问方先递名片,如是介绍时,应由先被介绍方递名片。 (2)递名片时,应说些“请多关照”“请多指教”之类的寒暄语。 (3)互换名片时,应用右手拿着自己的名片,用左手接对方的名片后,用双手托住。 (4)在会议室如遇到多数人相互交换名片时,可按对方座次排列交换名片。 (5)应称呼对方的职务、职称,如“X经理”“X教授”等。无职务、职称时,称“X先生”“X小姐”等,而尽量不使用“你”字,或直呼其名

（续表）

要点	内容
交谈礼仪	理财师在与客户面对面交谈时，应该做到以下几点： (1)表情认真。 (2)动作配合。 (3)语言合作。 (4)谈话要温和温婉
站姿、坐姿、行走、鞠躬礼仪	1.站姿 基本要求：站立时抬头、目视前方，挺胸直腰、肩平、双臂自然下垂、收腹，两脚分开、比肩略窄，将双手合起，放在腹前或背后。 2.坐姿 (1)走到座位正面，轻轻落座，避免扭臀寻座或动作太大引起椅子发出响声。 (2)造访生客时，落座在座椅前1/3处；造访熟客时，可落座在座椅前2/3处，不得靠倚椅背。 (3)女士落座时，应用两手将裙子向前轻拢，以免坐皱或显出不雅。 (4)听人讲话时，上身微微前倾或轻轻将上身转向讲话者，用柔和的目光注视对方；根据谈话内容确定注视时间长短和眼部神情。不可东张西望或显得心不在焉。 3.行走 基本要求：身体协调、姿势优美，步伐从容、步态平稳、步幅适中、步速均匀，走成直线。女走一字步，男走两条线；脚抬起，不要拖着地走；男不扭腰，女不晃臀。 4.鞠躬 鞠躬也是表达敬意、尊重、感谢的常用礼节。鞠躬时应从心底发出对对方表示感谢、尊重的意念，从而体现于行动，给对方留下有诚意、守信用的印象

考点3 沟通技巧

1.表达能力

表达能力分口头表达能力和书面表达能力。

(1)口头表达能力

在和客户交谈的过程中要吐字清晰、语速中等，说话简明扼要、层次分明、用词妥当、有逻辑性、有针对性，既不夸夸其谈，也不避重就轻。

(2)书面表达能力

2.聆听的技巧

所谓沟通，一定是双向的，它不仅包括说也包括听。成功的沟通，应该能做到下列三点：角色互换、鼓励发言、仔细倾听。合格的理财师往往是一个很好的聆听者，因为聆听可以使理财师对客户有更深层次的了解和理解，同时通过聆听，也加深了客户对理财师的信任。与此同时，在聆听客户讲话时，理财师可以不时微笑、点头，加短语“嗯…”“哦”“是”“没错”等，认可、鼓励客户的讲话。了解客户、与客户互动和鼓励客户多讲话的有效方法是理财师多问客户相关的问题

3.提问的技巧

(1)两种题型的问题

①开放式问题，是指能让客户充分阐述自己的意见、看法及陈述某些事实现状的提问方式，可以让客户自由发挥。这种提问方式便于充分发掘客户需求、获取更多有用信息，让客户多说话。

②封闭式问题，是让客户针对某个主题在限制选择中明确回答的提问方式，即答案为“是”或“否”，或是量化的事实。封闭式提问只能提供有限的信息，一般多用于重要事项的确认。

(2)两大类内容的问题

根据提问题的内容,理财师要问的问题包括两种,一种是事实性的问题(Facts),另一种是感受性的问题(Feeling)。

3.肢体语言运用能力

(1)在面对面沟通中,肢体语言往往比语言本身对沟通效果的影响更重要。

(2)肢体语言的形式包含三方面:面部表情、身体角度、动作姿势。

(3)肢体语言传递的信息:认可、犹豫和拒绝。

考点4 时间管理的重要性

要点	内容
对人生和生命的管理	管理好时间就是管理好人生,人们可以靠有效地利用时间来获得更多的资源
工作效率的提高	在实际工作中,时间管理的目的就是将时间合理投入在与目标相关的工作上,从而可以提高工作效率,减轻工作压力,同时也有更充裕的时间对下一步工作包括家庭生活有所安排
生活质量的改善	进行良好的时间管理,能够省出更多时间来与家人和朋友共享欢乐,做自己想做的事情,从而劳逸结合,增加生活的乐趣。合理利用时间,增加悠闲时光,是一种高明的时间管理

考点5 时间管理的方法

1.时间管理优先矩阵

根据时间管理理论,可以把事件或工作按其紧迫性和重要性分成重要紧迫、重要不紧迫、紧迫不重要、不紧迫不重要四类,形成时间管理的优先矩阵,以此来进行时间管理。

2.制定合理目标

目标的设定应当遵循5个原则,可以用SMART来表示:

(1) Specific:具体的,目标越具体越可以把控和具有约束力。

(2) Measurable:可以计量的,目标应该有判断标准,而且能分阶段衡量。

(3)Attainable:可以达到的,目标科学、可行,是理想,否则就是幻想。

(4) Reasonable:合理的,只有制定目标的流程、条件判断合理,目标才科学可行。

(5) Time:有时限性的,设定没有期限的目标没有约束力二八定律适用于生活工作中的很多事情。

遵循20:80定律:

在工作上,理财师应当集中时间精力去完成重要艰巨的工作,即把80%的时间放在20%最重要的事情上。

考点6 理财师时间管理实践

要点	内容
创造良好的办公桌环境	创造干净整洁的办公桌环境的方法包括但不限于: (1)尽量保持桌面整洁,只留正在做的事情的相关文件。 (2)工作中经常要用到的用品应容易取得。 (3)每一件物品应摆放在固定的位置,用完之后即刻归于原位。 (4)定期处理不需要的文件,避免东西的无谓增加

（续表）

要点	内容
养成及时高效的邮件处理习惯	1.收邮件时 (1)通常对接收到的邮件有三"R"政策，即 read(阅读)、respond(回复)和 remove(清理)。 (2)限制每天处理邮件的次数，这样，你就可以更加专注、更有创造性、更为集中地处理既定工作。同时，尽量避免在工作时处理私人邮件。 (3)需要处理的邮件要尽快处理，不要让邮件堆积起来，及时删除不再需要的邮件。如果没有时间详细回复邮件，可以先根据要点进行简短回复，并说明稍后细说；或者将邮件放入“须回复”文件夹，进行统一回复。 (4)对于需要保留的邮件及时进行分类，并放在规定的文件夹内。 (5)过滤垃圾邮件。及时删除垃圾邮件以及自己订阅却很少阅读的邮件。 2.发邮件时 (1)使用有意义的标题，让收信人一下就能明白里面是什么，同时也区别于垃圾邮件。 (2)邮件简明扼要。如果有许多事项需要说明，可以列成要点，让人一目了然；如果是一封长信，最好在开篇处对重要内容进行摘要。 (3)不要忘记电话。E-mail 有它的优势，但有时电话可以产生一对一亲自接触的效果，并能及时收到反馈，对推动特定事项进展有更高的效率
进退得宜地处理社交事项	1.解决过多电话的时间管理方法 频繁的电话的确会对你的工作产生干扰，带来很多时间的浪费，会影响你的时间管理，解决方法主要有阻绝干扰和篡金且适。 (1)阻绝干扰。学会过滤电话，阻绝干扰有几个步骤：一是处理；二是转接；三是暂缓；四是速办。 (2)集合所有电话。 2.解决过多机动事项干扰的时间管理方法 理财师有时会面对这样的局面，朋友或同事因其本身职责范围外的事寻求帮助，理财师无力拒绝、怕冒犯别人等原因导致了时间的分流、浪费。解决这一问题的方法包括： (1)不要一味苛求受到别人的赞许或者接纳。 (2)不要怕会冒犯别人。 (3)对于义务的认识要正确。 (4)学会如何拒绝，聆听别人的要求 对于零星时间的高效运用，可以在时间管理上起到事半功倍的效果，我们称之为"碎片化时间"的利用有效利用零散时间

考点7 一般电话礼仪

1.影响电话效果的三要素

(1)时间和空间的选择，打电话有个时间和时机的问题(接听电话例外)，而且这一问题有两面，即什么时间打电话给客户方便和效果好，以及什么时间打电话理财师更在工作状态和更有效。

(2)通话的态度，其重要性类似见面时的肢体语言。

(3)通话的内容，应力求通俗易懂、简明扼要；电话中应避免使用对方不能理解的专业术语或简略语。

2.电话沟通态度的四个要点

(1)声音，热情悠扬的声音可以为你的客户增加对你和公司的信任度。

(2)语调，柔和并突出和强调重要的词语，适当的沉默可以使客户感觉到你在倾听。

(3)语速，稍慢的表达可以使你和客户之间有轻松的气氛，适当的停顿能帮助你更清楚地表达。

(4)词语，使用礼貌、专业、适当的词语；简明扼要，必要时事先打好草稿。

3.电话接听的基本程序和注意事项

(1)迅速接听电话。

(2)致以简单问候。

(3)自报单位名称和个人姓名。

(4)认真倾听。

(5)必要时认真记录谈话内容或对方要求。

(6)感谢对方来电。

(7)结束通话时要后放电话。

(8)如果电话讲到中途断线，接听电话的一方，应把电话放下，并等候对方再拨电话来，而打电话的一方要再拨一次，在再次接通电话后，应加上一句"刚才中途断线，真是抱歉。

4.其他电话沟通时的注意事项

(1)正确使用敬语。

(2)对容易造成误会的同音字和词要特别注意咬字清楚。

(3)接听电话，语言要简练、清楚、明了，不要拖泥带水、浪费客户时间，引起对方反感。

(4)接听或打电话时，无论对方是熟人或是陌生人，尽量少开玩笑或使用幽默语言。因双方在电话中既无表情又无手势的配合，开玩笑或幽默语言往往容易造成事与愿违的效果。

(5)对方拨错电话时，要耐心地告诉对方"对不起，您拨错电话号码了"，千万不要得理不让人，造成客户不愉快。自己拨错了电话号码，一定要先道歉，然后在挂线重拨。

考点8 外拨电话的步骤和注意事项

1.陌生电话约访

陌生电话约访是理财人员开发新客户的重要手段，陌生电话约访的客户名单可来自外部收集的潜力客户名单、银行内部资源(如信用卡名单)、举办投资报告说明会活动收集的名单或客户转介绍等。

(1)了解电访客户的背景。理财人员在电访客户前要对客户的相关背景资料有一个了解的准备工作，对客户的潜在需求进行初步分析判断，掌握客户信息资料越多，在电话中更容易直接切人客户的需求，销售成功的几率就越高。

(2)了解本行的产品服务及其优势。事先了解本行与竞争对手差别的地方，了解本行的产品服务有哪些特点、优势，以建立销售信心。

(3)明确电话目的和内容、话术。建议理财师事先写下每次电话的目标和话术，甚至设计、准备好开场白和了解客户提问的问题。

(4)做好心理准备。业务人员打电话时，常见的恐惧心理主要有：怕客户赔钱、怕看错市场、怕被客户拒绝、不知道如何应答等。解除以上心理压力的方法是做好充分的信息和心理准备。

2.开场的基本认知

呼出电话开始有两点非常重要，一是自信，另一点是亲和力。想要电访成功，必须让客户相信你。要做到这一点，必须让客户感受到电话里你的自信，具体有以下几点注意事项，需要理财师尽量避免。

(1)用字遣词充满了"可能……'或许……'好像……'应该"等不确定的字眼，说话声调微弱甚至颤抖。

(2)不太敢介绍自己的银行或表明自己的身份，在介绍产品的时候畏畏缩缩。

(3)在初次介绍产品之后，总是会问客户"不知道 x 先生有没有兴趣？"习惯说"参考看看"。只要客户稍微质疑或拒绝就立刻退缩、放弃。

另一基本认知是亲和力。

“开场”是通话、沟通的开始，给客户的第一印象在短短的几分钟甚至几秒钟内就能决定，必须靠令人舒服的亲和力取得客户的好感。“微笑”“热诚”等声音技巧都可以协助提升亲和力。

3.陌生电话沟通的步骤和关键

(1)首先，在简单开场、寒暄后理财师应通过运用简单提问技巧，获得线索，发掘客户需求；接着向客户提问事先设计好的简单问题，得到想要的线索，了解客户需要及在意的到底是什么。

(2)其次，理财师应尽量争取第一时间引发客户的兴趣。第一次陌生电访时间最好控制在5分钟之内，如果已经确定客户是目标客户，找到客户在意点，打动客户。

(3)在通话中，当客户有一点意愿时，理财师应与客户敲定见面时间或下一步安排。约时间要用封闭式问题，让客户二选一，当客户犹豫的时候，可以提及进行中的促销活动或产品畅销、时间的紧迫感推动一下客户敲定时间。

(4)如果客户表明没有意愿，或目前没有闲置资金不可能投资，仍要留伏笔或者创造其他销售机会。

(5)客户暂时无投资意愿，对于经过判断有潜力的客户，可以征求意见通过邮寄资料或者E- mail资料的方式保持沟通，同时可请求客户推荐客户。

4.一般外拨电话注意事项

(1)预先将电话内容整理好(以免届时遗漏信息或讲话混乱)。

(2)电话接通后致以简单问候。

(3)作自我介绍。

(4)使用敬语。

(5)说明自己要找的人的姓名；这时也可能理财师不找或不知道找具体的人，可以简要说明要找的部门或电话事由。

(6)确定对方为要找的人并致以简单的问候。

(7)按事先准备的1、2、3……事由逐条简述。

(8)确认对方是否明白或是否记录清楚。

(9)致谢语、再见语。

(10)等对方放下电话后，自己再轻轻放下。

考点9 产品卖点总结方法

1.SPACED法

(1)安全/安定(Safety)。

(2)性能/绩效(Performance)。

(3)外观/形象(Appearance)。

(4)舒适/方便(Comfortability)。

(5)经济/节省(Economy)。

(6)耐用/持续(Durability)

2.SCORE法

(1)安全性(Safety)，会不会亏损、有无风险。

(2)灵活性(Control)，取钱或兑现问题。

(3)规范性(Order),规范操作、管理问题,如每日公布净值、每月邮寄对账单、资金托管在银行等。

(4)回报(Results),收益率。

(5)其他一些特殊的卖点或优势(Etc.),如有奖销售或费率优惠考点10产品服务推荐的流程。

3.FABE 简介

FABE 法则是由美国奥克拉荷大学企业管理博士、台湾中兴大学商学院院长郭昆漠总结的。它是指销售人员运用产品的挂堑』(Feature)和位蛰尘(Advantage)作为支持,把产品的型 ti』(Benefit)和潜在顾客的需求联系起来,详细介绍所销售的产品如何满足潜在

顾客的需求,并用 i 正握』(Evidence)来说服顾客。它通过四个关键环节,极为巧妙地处理好了顾客关心的问题,从而顺利地实现产品的销售。

在使用 FABE 法则时,理财师还需要遵循以下四个原则:

(1)巧妙引导、激发需求。在金融服务中,通过介绍产品来引起顾客的兴趣,从而激发顾客的需求。我们使用 FABE 法则是为了促成交易的完成,而交易的完成也就是为了满足顾客的需求。因此,在金融服务中,激发顾客需求是第一步。

(2)突出核心价值、展示亮点。每个顾客在购买产品时,都希望自己所买的产品能最大限度地满足自己的需求。如何给顾客介绍产品在很大程度上决定了顾客的购买行为。我们在推销过程中,应突出产品的核心价值内容,展示出产品的与众不同点。

(3)强调利益、因客而异。决定顾客是否实施购买行为的关键点是:产品所提供的利益是否与顾客的需求相匹配。如果不匹配,顾客就会拒绝购买。因此在推销中,应根据顾客的需求来强调此产品能给顾客带来的利益。让顾客感受到:这就是我所需要的产品。但是萝卜白菜各有所爱,这就要求我们因客而异来强调利益。

(4)罗列证据、反复证明。在当今社会,王婆卖瓜自卖自夸的人越来越多。这也就造成了很多不诚信的现象。如果要促进销售的顺利进行,不妨用"证据"来说话。用证据来说服顾客,这是一种非常有效的方法,尤其对那些性格比较谨慎的人来说更为有效。

综上所述,理财师必须掌握一些基本且关键的客户服务和销售技能,这样一能树立企业和自身的良好专业形象,二能大大提升工作效率,很好地履行理财师的工作职责。

附录2 个人理财业务相关法律法规

【考点图示】

- 商业银行个人理财业务相关法律法规
  - 第一章总则:1-6条
  - 第二章分类及定义:7-15条
  - 第三章个人理财业务的管理16-34条
  - 第四章个人理财业务的风险管理35-44条
  - 第五章个人理财业务的监督管理45-60条
  - 第六章法律责任61-65条
  - 第七章附则66-69条 2005年11月1日施行
- 商业银行个人理财业务风险管理指引
  - 第一章总则:1-10条
  - 第二章个人理财顾问服务的风险管理11-31条
  - 第三章综合理财服务的风险管理32-51条
  - 第四章个人理财业务产品风险制度52-60条
  - 第五章附则 2005年11月1日
- 关于商业银行开展个人理财业务风险提示的通知:共11条 —— 银监办【2006】157号
- 关于调整商业银行个人理财业务管理有关规定的通知:共三条 —— 银监办【2007】241号
- 关于进一步规范商业银行个人理财业务有关问题的通知:共九条 —— 银监办【2008】47号
- 关于印发《银行与信托公司业务合作指引》的通知
  - 银监办【2008】83号
  - 第一章总则:1-5条
  - 第二章银信理财合作:6-14条
  - 第三章银信其它合作:15-21条
  - 第四章风险管理与控制:22-33条
- 关于进一步规范商业银行个人理财业务报告管理有关问题的通知 —— 银监办【2009】172号
- 关于进一步规范商业银行个人理财业务投资管理有关问题的通知:共22条 —— 银监办【2009】65号
- 关于进一步规范银信合作有关事项的通知 —— 银监办【2009】111号

关于规范银信理财合作业务有关事项的通知——银监发【2010】72号

关于进一步规范银行理财合作业务的通知——银监发【2011】7号

商业银行理财产品销售管理办法

- 银监会令【2011】5号 2012年1月1日
- 第一章总则:1-4条
- 第二章基本原则:5-10条
- 第三章宣传销售文本管理 11-23条
- 第四章理财产品风险评级 24-26条五个层级
- 第五章客户风险承受能力评估:27-33条
- 第六章理财产品销售管理:34-48条
- 第七章销售人员管理:49-56条 20小时
- 第八章销售内控制度:57-67条
- 第九章监督管理:68-73条
- 第十章法律责任:74-76条
- 第十一章附则

关于进一步加强商业银行理财业务风险管理有关问题的通知——银监发【2011】91号

中国银监会关于规范商业银行理财业务投资运作有关问题的通知——银监办【2013】8号

中国银监会关于完善银行理财业务组织管理体系有关事项的通知——银监发【2014】35号